# 与艾尔伯特叔叔一起探索：

# 量子宇宙

[英] 罗素·斯坦纳德/著　其星/译

长江出版传媒 | 长江文艺出版社

图书在版编目（CIP）数据

　与艾尔伯特叔叔一起探索. 量子宇宙 / （英）罗素·
斯坦纳德著 ；其星译. -- 武汉 ： 长江文艺出版社，
2022.1
　　ISBN 978-7-5702-2431-9

　　Ⅰ. ①与… Ⅱ. ①罗… ②其… Ⅲ. ①科学知识－少
儿读物②量子宇宙学－少儿读物 Ⅳ. ①Z228.1
②P159-49
　中国版本图书馆 CIP 数据核字(2021)第 218523 号

UNCLE ALBERT AND THE QUANTUM QUEST by RUSSELL STANNARD
(ILLUSTRATIONS BY JOHN LEVERS)
This edition arranged with FABER AND FABER LTD.
through Big Apple Agency, Inc.
All rights reserved.
图字：17-2020-240 号

与艾尔伯特叔叔一起探索. 量子宇宙
YU AIERBOTE SHUSHU YIQI TANSUO. LIANGZI YUZHOU

责任编辑：黄柳依　　　　　　　　　责任校对：毛　娟

设计制作：格林图书　　　　　　　　责任印制：邱　莉　　胡丽平

出版：长江出版传媒　长江文艺出版社
地址：武汉市雄楚大街 268 号　　　　邮编：430070
发行：长江文艺出版社
http://www.cjlap.com
印刷：武汉市首壹印务有限公司

开本：880 毫米×1230 毫米　　1/32　印张：4.75　　插页：2 页
版次：2022 年 1 月第 1 版　　　　2022 年 1 月第 1 次印刷
字数：80 千字

定价：32.00 元

# 目 录
## Contents

# 第一章

# 进入爱丽丝的奇境世界

坠落，坠落，坠落……

格丹已经坠落了好几分钟。她还能看到自己滑倒的那个井口，但现在它只是在她头顶上的一个小小的光点。她还没有到达井底。

她并不担心。这很奇怪，像这样的坠落本应该很让人害怕，但这不是普通的坠落，更像是浮在水面上。

"这是怎么回事？"她望着井壁上的水滴，它们汇成小溪从漆黑的井壁上缓缓流过，她心里很纳闷。

就在不久之前，她还在享受着坐在电视机前的宁静夜晚。事实上，这部电影并不是那么好看——但还有什么可做的呢？艾尔伯特叔叔正忙着处理他的办公桌上的文件。他几乎从不看电视，但他不介意她看电视——只要她把音量调低就行。

他疲倦地叹了口气。

"怎么了？出什么事了？"（注：英文中 what's the matter？，可理解为"出什么事了？"或"什么是物质？"）她抬起头问。

他摘下眼镜，揉了揉眼睛，想了一会儿。

"什么是物质？这是个好问题，"他回答说，"怎么说呢？嗯，让我们设想……"

"叔叔！"

"当我们环顾四周时，我们发现了什么？很多不同的东西，成千上万种不同的化学物质。现在的问题是，我们能否更简单地描述它们？我们能不能认为它们是由一些基本的物质组成的……？"

"叔叔！"她打断道。

"嗯，什么？"他问道。

"我不是问'什么是物质？'，我是问'出什么事了？'，你还好吧？"格丹问道。

"我？我当然没事。为什么不好呢？"

他戴上眼镜，继续看自己的文件。"也许有点累，"他又说，"但仅此而已。"

格丹坐在那里思考。仅仅就一分钟，一切就和过去一样了——叔叔正在和她讨论科学。

她和她的叔叔共同享受着这个奇妙的秘密——她的叔叔能够通过努力思考产生一个思想泡泡！这就像你在漫画中看到的一样——只不过这不是在漫画中，思想泡泡就在他的头顶上，摇摇晃晃。但这只是一部分的秘密，当他努力思考的时候，他甚至可以把格丹传送到泡泡里！一旦到达那里，她就能进行令人兴奋的冒险探索，乘坐宇宙飞船探索宇宙——这一切都是通过艾尔伯特叔叔的想象力完成的。她在宇宙飞船上的发现对他的科学研究有很大的帮助。他们是一个真正的团队。

但是现在这一切都结束了。上次她去冒险的时候，在一个黑洞里把飞船撞毁了！这是她的错。你要知道，叔叔对这件事情态度很好（他经历了一个平静的过程）。但是格丹仍然对此感到很难过。她不敢再要求他让自己进入思想泡泡。这就是现在她发现自己每晚都困在电视机前的原因。

"其实……"艾尔伯特叔叔说，他把自己的眼镜搁在一边，"事实上，我并不是累了。"他站起身来，走到她旁边的沙发那儿坐下来。

"不。其实我的问题是我卡住了。"他向她吐露心声。

"卡住了？你是什么意思？"格丹问。

"我的工作，"他说，回头看了看桌子，"我想知道每样东西都是由什么组成的。这就是我现在正在做的事，所以我才以为你刚才问的是这个问题。"他咯咯地笑了起来，但随后他看上去变得很严肃。

"你问我这个问题……"他继续说，"我现在知道我需要什么了。"

"哦。那是什么？"

"我需要你，"他严肃地说，"我还是需要你的帮助，格丹。"

她的眼睛睁得大大的。

"现在，我知道我没有权利要求你，"他继续说道，他看起来有点焦虑，"你差点儿就在上次的事故中送命了。"

"什么？"

"不，不，对不起。"他显得很尴尬，"就当我没说过。"

他想站起来，但是格丹抓住了他的胳膊。

"忘记？"她问，"忘记什么？"

"我没有这个权利。我得想办法找个人，其他的人。"

"要找其他人干什么？"

"进入思想泡泡。"

"你想让我再次进入思想泡泡吗？"她大叫。

"我确实想到了你……你是专家，但我完全理解你的感受。上次真是太令人震惊了……"

"叔叔！"她尖叫着，用双臂搂住了他的脖子，"我真想再去一次。我以为你不会再给我机会了。我不敢问你。"

"你……"艾尔伯特叔叔惊愕地看着她，"你不敢问我！而我不敢问你！"

他们互相拥抱，大笑起来。

"好吧，谁能想到呢，"他最后说，"这是我……"

他看着她笑了笑。"嗯，没关系。我想我们需要弥补失去的时间。"

"太棒了！"格丹急切地喊道，"那会是什么呢？另一艘宇宙飞船？"

"不，不。这次不行，"他回答道，"我想让你去探索一切都是由什么组成的。"

他捡起格丹留在地上的空可乐罐。他拿着它，解释道："我想知道这个——以及其他所有东西——是由什么构成的。它最小的部分是什么？有原子这样的东西吗？找到答案的唯一方法就是让你变得非常非常小。我们要让你和原子本身一样小。所以，问题是，我们该怎样做呢……"

他向后仰着身子，抚摸着下巴，若有所思。突然，他眼中闪过一丝顽皮的光芒。

"啊，"他舒了一口气，"有了！"

顷刻之间，思想泡泡开始形成。当格丹向里面看的时候，起初她什么也看不见，再仔细一看，她只能看到一条黑暗的隧道。沿着隧道呢？很难辨认，但隧道似乎消失在远处。它很窄，通过的唯一方法就是爬行。

然后一切就发生了！她还没反应过来，就发现自己已经到了隧道里！思想泡泡里的一切就是这样发生的：前一刻你还在外面观望，下一刻，你就在里面了——泡泡本身则消失了。

"哦，"格丹想，"这么快。"

她环顾四周。"嗯，我想知道我现在该怎么办。他忘了告诉我。"

她耸耸肩。"我想没有什么。我最好爬过去看看它要通往哪儿。"

她慢慢地向前挪动，终于到了一个地方，那儿的地面开始向下倾斜。地面越来越陡峭，直到后来她滑倒了。接着，她知道自己从一口深井的井口被发射出去了。

这就是她坠落的原因……

"砰！"她已经掉下来了。有那么一会儿，她只是仰面躺在那里，仰望着天空。她首先想到的是——牛仔裤是否被弄脏了。（它是崭新的，她以前只穿过一次。）她的第二个想法是，这是不是死亡的感觉？

没有，她还有呼吸。她痛苦地站了起来。"哎哟！疼死了，"她嘟囔着，揉着屁股，"我敢打赌，明天肯定会有淤青。他是个威胁，他是个真正的威胁。我的裤子可能会被溅到泥点子……"她战栗起来，"我不会再让他这样对我了。"

格丹发现自己正在一条走廊里。她决定照着这个方向走，看看它通往哪里。她僵硬地走着，拐过一个弯，发现那儿有一个房间，房间里有一张三条腿的玻璃桌子，那是房间里唯一一件家具。

"我在哪儿？"她很好奇。

然后她注意到桌子上有一个瓶子。她口非常渴，所以她快步走过去仔细查看。瓶口上挂着一张标签。她看了一下，上面写着：


**喝 我**


"喝我！"她惊呼道，"哦，不！"

格丹现在知道自己在哪里了。艾尔伯特叔叔把她带到奇境去了！就是爱丽丝去过的那个奇境。

"笨蛋！"她恶狠狠地嘟囔着，然后，她提高了声音，希望他能听见，"真好笑，叔叔！哈哈，非常有趣！"

她嘲弄的声音在她周围回响。她气呼呼地在桌子边上坐了下来。它开始倾斜——因为它只有三条腿，不仅如此，她的屁股还疼得坐不下来。于是她站在那里，双臂交叉，愁容满面。格丹很生气，也很失望。

"我真不敢相信，"她心里想，"你还能有多老派？《爱丽丝漫游奇境》！我的天哪！"

她绞尽了脑汁。《爱丽丝漫游奇境》中到底发生了什么？她很多年前读过那本书，更确切地说，是粗略翻阅了一下。坦率地说，这并不是她喜欢的书。

这书是关于一个总是喜欢砍人脑袋的恶毒女王的吗？格丹感到了不安。

她只记得爱丽丝喝的东西和吃的东西能使她变大或变小……

"一定是这样的，"她想，"为什么叔叔派我来这里？这是他唯一能想到的让我变小的办法。多么可怜啊！他没听说过计算机吗？计算机能够让你进入任何你想要的场景——只要按一个键。他们称之为现实。虚拟现实，就是这样。这就是他们现在的做法，而不是童话故事。

只要我有一个虚拟现实的头盔，我就可以去任何地方、做任何事，但这……我问你，我怎么能告诉学校的人我来过这里？他们会笑话我的。"

她怀疑地看着瓶子。这里面到底是什么？她感到很好奇。"那饮料——让爱丽丝变大了还是变小了？应该是变小了，我想是这样的。"

她拧开盖子，小心翼翼地闻了闻。她闻到的这种味道是她一生中所尝到过的一切美好味道的集合。

她耸耸肩。"好吧，现在开始了。"说完，她喝了一大口。

刚开始，什么也没有发生。但接着，房间和桌子却慢慢地、稳稳当当地变高了。然后，她意识到一定是相反的——是她正在缩小！

她非常恐慌！如果她做得太过火了，就要完全消失了呢？其实她本来不必担心的。几秒钟后，收缩停止了。

她环顾四周。她看见了一扇门。那扇门看上去跟平常一样大，但她马上意识到这扇门一定跟现在的她一样小，也许这就是她以前没有注意到这扇门的原因。

门是开着的，所以她就过去看了看。意外的是，她发现了另一条短短的通道，通道的尽头是另一扇门。这扇门非常小。

"我认为我怎么也过不去的，"她想，"除了……"

这时她才意识到瓶子还在她的手里，它一定是跟着她一起缩小了。

"再来一大口？为什么不呢！"她思索着。

她又再次缩小了，小到足以穿过第二扇门，却又碰到了第三扇门，这扇门甚至比她刚刚穿过的那扇门还要小。

"这没什么。我们继续吧！"

就这样不断继续下去，格丹已经记不清自己走过了多少扇门。她只知道自己现在一定非常非常小了。

随着无数扇门一扇一扇地打开，她看见一个身影消失在走廊里。那是一个穿着白大褂的身影，他似乎有很长的耳朵。

"对不起！"她喊道，"对不起，你能帮忙吗？我迷路了……"

但不管他是谁，他都没有停下来。相反，他急匆匆地走着，一边走一边感叹道："哎呀，我的耳朵和胡子，现在太迟了！"


## 白色的兔子


"一定是他，"格丹想。"嘿！你在那里！"她大叫。但一切都太晚了：他已经冲过一扇开着的门，消失了。

# 第二章

# 点点滴滴

兔子消失的那扇门的上方有一块牌子。上面写着——

格丹笑了，因为她想起自己曾经以为舞厅（ROYAL BALLROOM）是一个室内的球类运动的场所。她没有意识到这只是对跳舞场所的一种时髦称呼。

牌子旁边还有一张告示——

（上面的单词拼错了很多次！）

"嗯，看来不只有我不会拼写，"格丹想，"但它怎么可能既是舞厅又是实验室呢？'皇家'到底是什么意思呢？"

就在这时，从里面传来一声尖叫："砍掉他们的腿！砍掉他们的胳膊！"

格丹一下子僵住了。她能听到人们四处奔跑的声音。接着传来了凶恶的噼啪声。

"砍掉他们的尾巴！砍掉他们的头！"一个尖厉的声音命令道。

那一定是红桃王后！

有那么一会儿，格丹吓得不知道该怎么办了。她正要转身逃跑，但意识到这样做其实毫无意义。她似乎不能从井里逃出来。不仅如此，她的好奇心也被激起来了。里面到底发生了什么事？

过了一会儿，红桃王后的尖叫声消失了。格丹小心翼翼地踮着脚尖走到门口。她往里偷看。

房间很大。她可以看到红桃王后在踱来踱去。人们疯狂地到处乱跑。实际上，他们并不是真正的"人"而是纸牌。每张纸牌都有两条胳膊和两条腿，它们粘在四个角上，纸牌的顶部有一个脑袋。

有些人正抱着扭动的、毛茸茸的动物。它们被放在一张光秃秃的木桌上。这些纸牌将那些可怜的小东西压在桌上，一个刽子手将它们切成碎片。这个刽子手是一张面目狰狞的扑克牌，他戴着黑色的面具，挥舞着一把斧头。可怕！格丹几乎看不下去了。

这些碎片一掉到地上，就蜷成一团，然后被其他的纸牌轮流击打——火烈鸟帮助他们实现了这一切。他们抓住一只火烈鸟的身体，抻出它长长的脖子，用它的头去击打那些卷起来的球。很明显，他们的目标是让这些毛茸茸的球穿过一系列的圆环。圆环也是用其他纸牌摆成的，这些纸牌被折起来，这样他们的后背就拱成了弧形。

"槌球，"格丹想，"这就是他们在《爱丽丝漫游奇境》中所玩的槌球游戏——用火烈鸟作木槌……和把刺猬当作球——但这些不是刺猬。"

"天哪，天哪，我们要到哪儿去啊？"

原来是白兔。格丹现在可以看清楚，他穿的白大褂是科学家们穿的那种。一个大大的笔记本在他面前摊开，每当其中某种动物被处死时，他都会做笔记。

过了一会儿，大家似乎都放松了一点——他们不再四处奔忙了。格丹四处张望，突然明白原因了——啊！红桃王后已经走了。

格丹心里想，现在也许是进入房间的安全时刻。她一边这样做，一边环顾四周。多么奇特的地方啊！墙壁上贴着看上去很贵的红色墙纸，窗帘是厚天鹅绒做的，金色天花板上挂着玻璃吊灯，而房间里唯一的家具就是那张光秃秃的木桌和白兔坐的那张小桌子。

　　格丹漫步到兔子身边。

　　"打扰了。"她开口说道。

　　"啊！"兔子大叫起来，他看起来非常震惊，"你是什么东西？"

　　"你是谁？"格丹微笑着说，"你应该说'你是谁？'，而不是'你是什么东西？'。"

　　"不，不是的，"兔子回答，"你是什么东西？"

　　"你以为我是什么东西？"格丹生气地反驳道。

　　"在我看来，你就是那种像女孩子一样的东西。就像另外那个一样。"

　　"另外那个是什么？"

　　"类似爱丽丝之类的东西——那个制造了所有麻烦的人。我真希望你不要惹麻烦。"

　　格丹耸耸肩。"我为什么要这样做？"

　　"好吧，如果你不是来找麻烦的，那你是来干什么的？"

兔子怀疑地问。

"我是被派来调查所有东西的成分的。"格丹说。

"是这样吗？"兔子惊奇地回答。

"是的。物质最微小的部分是什么，诸如此类的事情。但我不知道自己为什么会被送到这里来。"

"哈！"兔子哼了一声，气得浑身发抖。"嗯！"他重复道，"我会让你知道你来到了一个再好不过的地方。你以为自己在跟谁说话？"

"一只兔子。"

"一只兔子！如果你不介意的话，他可是女王的首席科学家。"

"哦，"格丹感到很迷惑，"我不记得你是科学家了——在我读《爱丽丝漫游奇境》的时候，我记得你不是一个科学家。"

"我已经被提拔了。就在上周。当红桃王后决定要变得很现代、很科学的时候，我就成了她的首席科学家。"

"哦。祝贺你。但是……我不明白你是怎么在一周内拥有足够的学识成为科学家的？"格丹问道。

"首席科学家。"兔子纠正道。

"好吧，那就首席科学家吧，你是如何在一周内做到的呢？"

兔子看起来很不开心，挥手示意她走开。

"你在浪费我的时间。你没看见我正忙着吗？我要做笔记。科学笔记。"他强调说，然后开始忙着记录起来。

"对不起，我不是故意打断你的。"格丹说。

有一会儿，她试图越过他的肩膀看他在写什么，但这没有用，他一直用胳膊肘盖住所写的东西。她怀疑他是故意这么做的。

"你在做什么？"格丹终于忍不住开口询问，"跟那边发生的事有关系吗？"她问道，她朝那张堆满了扭动着的动物的木桌点头示意。

兔子叹了口气："当然有关，你在想什么？我必须弄清楚每件东西都是由什么构成的。"

"你也想吗？"格丹问。

"是的。"

"哦。"

格丹想了一会儿，然后问道："我们有可能组成团队吗——你和我？一起努力？"

兔子急切地抬起头，脱口而出："那太棒……"但他突然停了下来，看起来有些尴尬，他重新镇定下来。他随口加了一句，"嗯……我是说……随便你。如果你想帮我一下……我不介意。反正我们也快完成了。"

"谢谢你，"格丹回答道，"你真是太好了。"

"一点也不。"兔子回答。

她认为，兔子对于有人可以帮助他感到非常高兴。

"我能问一下，这是怎么回事吗？"她继续说，"那些可怜的小动物，真的有必要杀掉……吗？"

"小动物吗？"兔子叫道，"你认为它们是小动物吗？"

他笑了，"在这里，"他对刽子手喊道，"你知道她认为你在做什么吗？她认为你在屠杀动物。"刽子手倚着他的斧头笑了起来，其他纸牌也加入了进来。

"它们不是动物，"兔子说，"来吧，我给你展示一下。"

即使近距离观察，在格丹看来，它们仍然像毛茸茸的动物，但现在她能看出它们并不是真的活着的。它们并不是像她先前认为的那样正在扭动着，而更像是它们在有规律地摇晃着——好像它们内部有有弹性的弹簧一样。它们有各种各样的尺寸，有小的、有大的，有长的、有短的，有的身上有隆起的肿块，其他的则是环形。

"这些是分子。"兔子说。

"分子？"格丹问，"这……这到底是……嗯……分子？"

兔子轻蔑地看着她。"我得说,你好像知道的并不多。我看不出你对我有什么帮助。不管怎样,一个分子,如果你一定要知道的话,是你能得到的某种物质的最小微粒。"

"哦,"格丹含糊地说,"谢谢。"

"那边那个,"兔子指着一个又短又直的分子继续说,"那是盐。那是你能得到的最小颗粒的盐。这个,"他拿起一颗弯曲的分子,继续说,"这是水——你能得到的最小的一滴水。"

"但这也太多了。"格丹惊呼道。纸牌们把越来越多的分子堆到桌子上,垒得很高很高。

"成千上万种不同的分子,"兔子宣布道,"看到那边那些卡车了吗?"他指着一扇通往院子的门。格丹可以看到一长排卡车在等着卸货。"满满的。每一辆卡车都满载分子。它们都是从世界各地收集而来的,每种化学物质各有一个,它们都各不相同。"

"这真是让人太困惑了,"格丹说,"你是怎样成功地得到所有这些的?"

"啊,这才是我明智的地方。你不必这么做。事实上,这一切都很简单——多亏了我的好朋友。"

兔子朝刽子手点了点头。

"是的,我正想问呢。他为什么要把它们切碎了?"格丹问道。

"啊，好吧，你看，我们已经发现分子可以分解成更小的部分——我们称之为'原子'。"

"但你刚才说分子就是最小的部分了。"她抗议道。

兔子叹了口气，"我说的是，分子是你能得到的某种物质的最小的量。例如，盐分子是你能得到的盐的最小量。但这并不意味着它不能被分解。我想说的是，如果你确确实实将它分解了，它就不再是盐了。"

"砍！"刽子手毫无预兆地抡起斧子，利落地砍断了盐分子。

砍！砍！接下来是水分子，它被分成了三个部分。

"你看，"兔子说，"这些就是组成这些分子的原子。盐分子有两个原子；水分子有三个。"

"我明白了。"格丹说。她看了看对面的槌球游戏。"他们在干什么呢？"她问。

"将它们分类，"兔子回答，"他们正在整理不同种类的原子。"

"一共有多少种？"

"数一数。每一种都有一个环。"

她走向那些环状的卡片。每一个都有一个标签：氢，氦，锂……碳……氧……钠……氯……。最后一个被称为"铀"。当原子在圆环上滚动时，每个原子都加入了一堆与自己相似的原子。

"1个，2个，3个……"她数着，"……90、91、92（注：现在已知的元素有118种），有92堆。"她宣布。

"对的，这就是我做的，"兔子表示同意，"这样子已经好多年了。我们似乎不需要更多了。所以只有92种不同的原子，对吧？"

"我想是的。"格丹回答道。

"不过最好还是继续看看吧。"兔子接着说。他朝刽子手挥了挥笔，让刽子手知道他应该回去工作了。

"但你是如何确定哪个原子属于哪个原子堆呢？"格丹问道，"你是按尺寸分类的吗？"

"并没有，"兔子回答，"颜色。我们主要看它们的颜色。"

当她回到桌子旁边时，兔子捡起了构成水分子的三个原子。

"在这里，你看到了吗？这两个颜色是一样的，它们都是氢。它们属于第一堆。这个是不同的，这是一个氧原子，它属于第八堆。"

格丹把一个氢原子放在自己的手掌上。它摸起来像海绵，周围有一种阴云密布的朦胧景象。它显现出最可爱的颜色——红、蓝绿、紫的混合色。它并不是表面被涂成了那种颜色，彩色的光似乎是从它的深处发出来的。在格丹看来，它很神奇，很神秘。

氧原子是不同的。它周围有一团密度大得多的厚厚的云，它的颜色主要是黄色，还有一些橙色、红色和绿色的混合色。

"那这些呢？"她拿起属于盐分子的两个原子问道。

"钠和氯；它们属于，嗯……11 和 17 号堆。"兔子告诉她。

格丹对钠原子特别感兴趣。它发出耀眼的黄色光芒。她记得当新产品——黄灯出现在她的街道上时，当地报纸称它们为"钠灯"。

"那么，你是说所有的一切——所有成千上万不同的分子——都是由 92 种不同的原子构成的吗？通过不同的方法把这 92 个原子组合在一起？"她问道。

兔子点点头。格丹把这些记在心里，她要回去后告诉艾尔伯特叔叔。

"你为什么管它们叫'原子'呢？"她问。

"它的意思是'不能被切割的东西'。"兔子回答。

"哦。"

格丹向自己四周看了看。

"还有一件事我一直想问，"她接着说，"为什么外面有两个公告牌？这到底是什么地方？它到底是舞厅还是实验室？"

"视情况而定。"

"什么？"

"当然！这要看里面正在发生什么。如果人们在跳舞，那就是舞厅。如果人们在做实验，那就是实验室。而到了晚上，当没人在里面做任何事情的时候，"他耸耸肩，"那就什么都不是了。"

他转身回到桌边。

"对不起，"他对那个正在用力猛砍的刽子手喊道，"我错过了那个。那是什么？"

"酒。"传来了回答。

房间里突然静了下来。那些纸牌停止了他们的槌球游戏。他们在聚精会神地倾听。

"它看起来像两个碳，一个氧，让我们看看……一个，两个，三个……是的，六个氢。"刽子手说。

格丹可以看到其中一些纸牌偷偷地在他们的肚皮上记下了数字。

# 第三章
## 点之舞

格丹非常想回到艾尔伯特叔叔那里，告诉他自己发现了什么。但是她该怎么做呢？

她还没有思考多久，红桃王后的声音又响了起来。

"好了，今天到此为止吧！"她吼叫道，"打扫地板！该跳舞了！"

"为王后欢呼！"圆圈状的纸牌喊道。他们痛苦地挺直了背，摇晃着僵硬的双腿。

"舞蹈吗？"格丹对着兔子的耳朵小声说，"这是怎么回事？"

"就像她说的，"兔子回答，"跳舞。王后喜欢跳舞。这里，"他挥舞着手臂说，"这是舞厅，记得吗？"

纸牌们激动地翻腾起来。一些纸牌把桌子推到走廊里。

那些曾经用火烈鸟作木槌的纸牌，现在把火烈鸟翻转过来。他们用两腿夹住火烈鸟的身体，一只手高高举起它的头，另一只手拨动它伸长的脖子。羽毛到处乱飞。

"多么残忍啊！"格丹想。

"砰"的一声，很有音乐感，不过它们本来也可以不发出嘎嘎声。她弄不清这究竟是鸟儿的叫声，还是它们在痛苦地抗议。她想，不管怎么样，它们这样的声音是不可能进入唱片销量排行榜的。

红桃王后一把抓住红桃国王，使他旋转起来。当他们经过格丹时，红桃王后对她大喊："你！这个又大又圆的东西！是的，你！你要和首席科学家跳舞！"

她指着那只白兔。兔子惊恐地竖起耳朵。他看了格丹一眼，就逃走了。他消失在一群跳舞的纸牌中。

当其他人都加入舞蹈中时，格丹感到自己被孤立了。她注意到，并不是所有人都在跳舞。她发现角落里有一堆纸牌挤在一起。他们有三袋原子和一支胶水。他们正聚精会神地研究其中一张纸牌的肚子。

格丹漫步走向靠墙堆放着的原子堆。她把一两只小球踢来踢去，然后她蹲下来，拿起了一个——一个氢原子。

当她把它握在手心的时候，她开始思考。

"一切都是由这 92 种原子组成的。但是，原子是由什么组成的呢？我好好奇呀。"

　　她把它翻过来，欣赏着它漂亮的颜色。

　　"白兔说你不能切割一个原子，"她继续说，"所以，也许它不是由任何东西组成的，可能里面没有更小的部分了。"

　　她使劲地盯着它，心想，要是我有个放大镜，我就能近距离观察它了。也许我可以透过所有这些模糊的东西，看清楚里面究竟有没有东西。

　　然后她有了一个主意——瓶子，能让她变小的瓶子。她把它从牛仔裤的口袋里拿了出来。她把它对着灯光。

　　"啊，还剩下了一些。"

　　她拧开盖子，喝了一口。她手里的原子立刻开始变大——当然，她现在知道事情一定是相反的——她正在收缩。

　　她放开了它；她变得太小了，以至于拿不住原子了。

　　随着她继续收缩，她意识到灯光开始闪烁。就好像它们在被不断地打开关闭、打开关闭。

　　"哦，不，"她呼喊道，"它们太过分了，它们变成了一个闪烁的迪斯科灯，一个频闪灯。"

　　她很生气。"真的！它们为什么要这么做？我现在什么也看不见了。"

她第一次看到闪光灯是在看圣诞演出的时候。故事讲的是一个住在森林里的坏女巫。其中有这样一个场景：一切都是漆黑的，突然，一道强光开始闪烁。奇怪的是，女巫先是在一个地方，然后又出现在另一个地方，接着又在另一个地方出现。你看不明白她在闪光之间做了什么，所以你不知道她是怎么从一个地方跑到另一个地方的。而且，当你真的看到她的时候，闪光太短了，她根本没有时间移动——她好像被困在半空中。所以整件事情都很怪异。

从那以后，她去了很多迪斯科舞厅，那里使用了同样的频闪灯效果。她仍然觉得这很有趣——但是如果现在没有它就好了。

她终于不再退缩了。她凝视着高耸在她头顶的氢原子。

"啊，"她喊道，"所以，在它里面还是有东西的。"

果然，借着闪光的光亮，她只能辨认出在原子的正中央有一个小球。它就在那儿，就在正中间。

这还不是全部。有什么东西在球周围嗡嗡作响——就像一只回到蜂房的蜜蜂。但它到底是什么呢？她分辨不出来。不管它是什么，它都非常非常小。它那么小，以至于看起来像一个圆点——还没有这儿的句号大。

它先是在一个地方，然后又在另一个地方。她看不清它移动的路径，就像她看不清女巫是怎样从一个地方走到另一个地方的一样。

"愚蠢的光！"她生气地嘟囔着，"为什么是一场迪斯科舞会呢？她就不能开个正规的高档舞会吗？她还自称是王后！"

她一边看着，一边试着猜测下一个点会出现在哪里。但这是没有希望的，因为她没有办法知晓。她所能说的是，它往往出现在离中心球很近的地方；它很少出现在很远的地方。

"这是另一件事，"格丹想，"那种朦胧，之前我还比较大的时候原子拥有的那种朦胧，现在已经不在那里了……"

这时她突然想到。"当然，一定是这样。现在我离得更近了，可以更清楚地看到薄雾的细节，它原来是由点组成的——微小的点——出现在不同地方的蜂状物体。在最模糊处的中心附近有很多点，一个接一个，那儿看起来密度最大；在没有那么靠近中心的地方，边缘薄雾变稀薄的地方，就没有那么多点了，这让我觉得'分子动物'看起来'毛茸茸的'。"

有那么一会儿，格丹只是站在那里，凝视着跳动的小点，在出现的小点之间，是柔和的红色、蓝绿色和紫色的光芒。自始至终，球都在中心盘旋。

但后来她想起这只是一种原子——氢。那其他的呢？她决定去看看。

这并不容易。因为她是这么小，下一堆原子似乎在几英里之外。不仅如此，她还得紧紧地贴在踢脚线上，以免被那些跳舞的纸牌踩到。

仿佛过了几年的时间，她才来到第二堆，上面标注着"氦"。她仔细地检查了它其中的一个原子。

她马上就注意到了不同之处。每当灯一闪，这儿就会出现两个点，而那边的氢只有一个。

"所以，氦有两只蜜蜂——或者不管它们是什么。"她心里想。

不仅如此，还有第二个不同之处：中间的那个球并不是真正的球；它更像是四个粘在一起的球，摇摇晃晃的。每个球的大小似乎都和氢原子的大小差不多。

格丹继续走到第三堆——"锂"。这一次，只要光一闪，她就能看到三个点。而且，中间的原子比氦原子更大——它有六个球粘在一起。

于是她继续往前走，看了一堆又一堆。每到新的一堆，"蜜蜂"的数量就增加一个。所以，当她最后到达第 92 堆——"铀"时，她猜想那儿一定有 92 只蜜蜂——尽管这些蜜蜂实在是太多了，她根本数不清。

在她参观这一堆又一堆原子的时候，她还注意到每个原子中心粘在一起的球的数量越来越多了。对于铀，她估计里面肯定有两百多。它让她想起了覆盆子——它的形状，而不是颜色。它不像覆盆子那样红；这……看上去朦朦胧胧的。

看上去朦朦胧胧的吗？格丹皱起了眉头。之前她比现在大的时候，原子看起来是模糊的，但现在她知道那模糊的只是一个个点。如果……怎么办？

她又把瓶子拿了出来。最后一口。

随着"覆盆子"变得越来越大，那种朦胧感消失了，在它的位置上出现了更多的点！这是毫无疑问的。不仅这些圆点在这些球的外面嗡嗡作响，而且每个球本身都是由圆点组成的。有多少？一个……两个……三个。是的，每个球都有三个点点状的东西。

"这些嗡嗡作响的点点状的东西是什么呢？"她感到好奇，"我猜想这里的中心有另一个球，这次甚至更小。"

她努力地凝视着。没有，在这些球里面没有看到一个更小的球。除了那些小点，她什么也看不见。

"那么，"她想，"应该就是那些。原子是由一些在覆盆子状物体周围嗡嗡作响的圆点组成的。'覆盆子'是由球构成的。每个球都是由三个点点状的东西构成的，它们彼此互相作用，嗡嗡作响。好啦，任务完成了。我该怎么回家？"

到底如何实现呢？

就在这时，她第一次注意到墙边的地板上有一个小玻璃盒子。她走过去把它捡了起来。她打开盒盖，发现里面有一块小蛋糕，上面用红醋栗写出了这样几个字：

# 吃我

"真的，叔叔！你怎么这么孩子气！"她喃喃地说，"等我回来吧！"

她不知道该怎么办，但后来又觉得没有什么别的办法了。她最好把这倒霉的东西吃了，看看会发生什么事。

事实上，所有这些科学工作让她感到非常饥饿——而且那是一块非常好吃的蛋糕。她很快就把它吃光了。

然后事情发生了。她开始变大……变大……她把那些"覆盆子"远远抛在身后，然后是原子。

"啊！你来啦，"红桃王后叫道，"你去哪儿了？你为什么不跳舞？砍掉她的头！"

一些纸牌飞快地跑去找刽子手。

"还有，把他们的头也砍了。"她指着角落里的一组纸牌喊道。他们快乐地跌倒在地上，醉醺醺地唱着嘈杂的歌。

但是格丹还在继续变大。她现在已把大部分舞厅都占满

了。到处都是尖叫声。火烈鸟吉他停止了演奏。她看见了那只白兔。他朝她招手，发出吱吱的叫声，"禁止的！禁止的！赶快停下来！"周围的声音此起彼伏。

但是她没有办法阻止自己。现在她已经紧紧地贴在墙壁上了。当她的手臂被迫从一扇窗户推出去的时候，耳边传来了打碎玻璃的声音。一盏枝形吊灯卡住了她的头发，并拉扯她的头发。

就在她确信自己快要被压死，或者因为呼吸不到空气而死去时，一场巨大的爆炸突然发生了。屋顶炸开了，她被抛到空中，就像从飞机的弹射座椅上被发射出来一样。她闭上眼睛尖叫起来。

崩溃！她砰的一声掉落在地上。


她又死了吗？不。她坐起来，环顾四周。艾尔伯特叔叔！她终于松了一口气！她已回到了艾尔伯特叔叔的书房，和他在一起了！

但他为什么会是那个样子——蜷缩在扶手椅里，一副很恐惧的样子？

"你没事吧？"她问道。

"你呢？"他反问。

"我？是的，我觉得我还好，"她说，"啊，不过我不知道，"她边说边揉着屁股，"那是我摔的第二个鼓包。我现在有两处擦伤了，拜你所赐。但不管怎样，你为什么那个样子？发生了什么事？"

艾尔伯特叔叔坐起来，环顾四周。

"嗯，我真的不知道。前一分钟我还安静地坐在这里聚精会神地思考——就像我经常做的那样，当你在那个泡泡里的时候——下一分钟，那个泡泡破裂了，你从里面掉了出来！"

"哦，"她说，"现在可不要说是我破坏了这个泡泡！先是宇宙飞船，现在又是这个！"

艾尔伯特叔叔耸耸肩。"我也毫无头绪。我并不打算让你把整块蛋糕全吃完。"

"你说'整块蛋糕'是什么意思？整块蛋糕比一个原子还小！"

然后她有了一个想法。

"嘿，一个核心问题，"她继续说道，"你怎么能有这样一块蛋糕———块整个大小比一个单独的原子还要小的蛋糕？这是不可能的。"

艾尔伯特叔叔看上去有点窘迫。

"事实上，这真是一个愚蠢的想法——所有的'喝我''吃我'之类的玩意儿。我很惊讶像你这样的人居然没能做得比这更好。"

"我认为这是很聪明的主意儿，真的，"艾尔伯特叔叔说，"我从小就很喜欢《爱丽丝漫游奇境》。"

"从你还是个孩子的时候，"格丹嘲笑道，"你知道吗？我们从那时起就已经变了。现在没人读那些老掉牙的东西了。我想知道的是，如果你想让我变得这么小，为什么你不能用电脑来实现——虚拟现实之类的东西？"

"哼，电脑！"艾尔伯特叔叔哼了一声，"这就是你们这些孩子现在想的。它们只是一个避免思考的借口。"

"什么！"格丹炸了起来，"说实话，叔叔，有时候你都不知道自己在说什么。学校里到处都是电脑。我们通过电脑学习。你老了，这是你的问题。你真的老了——我是说，真的老了。"

艾尔伯特叔叔咧嘴一笑。"也许是，也许不是。好了，告诉我你发现了什么。"

格丹把一切都告诉了他。与此同时，艾尔伯特叔叔把这一切都记在了笔记本上。好吧，并不是全部。他漏掉了关于红桃王后、白兔和纸牌的内容，只是记下了她在原子方面的发现。

"原来真的有原子这种东西，"他满意地嘟囔着，"我也是这么想的。而这些嗡嗡作响的'蜜蜂'肯定是电子。"

"电子？"格丹问道。

"是的。当你打开电源时，这就是你所得到的。你会得到一股非常非常微小的物质流，它们沿着导线运动；这就是电流——一股被称为'电子'的微小粒子流。我想它们一定是你的原子的外层微粒——那些被撞得飞离原子的'蜜蜂'。"

"那'覆盆子'呢？"

"是的，那些是什么呢？真是一个惊喜。谁会想到原子有原子核呢？"

"原子核？"

"是的。核心，中心部分。原子核就是这个意思。"

"那么那些组成原子核的球呢？它们叫什么？"

艾尔伯特叔叔耸了耸肩。"好吧，让我们看看。电子构成了电，所以我想我们应该说核子构成了原子核。"

"那么其他那些像蜜蜂一样的东西呢——每个核子里面的那些？我们该怎么称呼它们呢？"格丹问。

艾尔伯特叔叔想了一会儿，但又放弃了。

"哦，我不知道。这次你自己想办法吧。轮到你了。"

格丹努力地思考。想出合适的名字是件相当困难的事。

有时她担心自己长大后会有自己的孩子，他们都会被叫作"嘿，你"，因为她无法决定给他们取什么名字自己最喜欢。

现在，当她回想起舞厅里的情景时，她所能想到的只有那些呱呱叫的火烈鸟发出的喧闹声。

"哦，为什么我们不干脆叫它们'呱呱'呢？"她最后建议道。

"你是说'夸克'吗？是的，为什么不呢。"说完，艾尔伯特叔叔就在他的笔记本上写下了"夸克"。

格丹张大嘴看着他。

"叔叔！那本来只是个玩笑，你不能那样称呼它们！"

"为什么不呢？"

"为什么不？因为你不能这样做。这是科学。这是非常严肃的。此外，"她补充道，"我说的是'呱呱'，而不是'夸克'。"

"现在太迟了，"艾尔伯特叔叔说着合上了书，"这就是我所写的，我已经写了——而且是用墨水写的。所以，它就是'夸克'。"

那天晚上，格丹盖着被子躺在床上，开始思考。一切都是由嗡嗡作响的电子和夸克组成的，这些电子和夸克非常微小，它们似乎根本不占据任何空间。多么奇怪呀！她周围的一切——看起来很结实的床、桌子、椅子、砖墙——所有的东西实际上几乎都是空的。

她越来越困了，开始想着那些纸牌。有人拿着火烈鸟，制作圆环需要 92 张，但是一副牌只有 52 张——不包括小丑。也就是说肯定有两组。这就意味着肯定有两个红桃王后。也许一开始对科学感兴趣的是一位王后，而进来宣布跳舞的是另一位。也许一个王后已经把另一个王后的头砍下来了，所以现在只有一个王后了……

# 第四章

# 挤压的波

"想要一些蛋糕吗？"格丹问。

"暂时不想，"艾尔伯特叔叔回答，"我还没吃完呢。"他举起正在吃的三明治。

格丹的父母让她和叔叔一起去划船度周末。这是一个美丽的傍晚，他们在租来的小木屋的露台上喝茶。从他们坐的地方，可以俯瞰海湾的美景。

他瞥了她一眼，接着说："如果你是想用这种礼貌的方式来询问你自己能否吃点的话，我的回答是'可以，你可以的。'"

她笑了笑，给自己切了一块——她认为可以不受惩罚的最大的一块。

"我想这只是个普通的蛋糕吧？"她问。

"我可不这么认为。这是非常昂贵的……"后来他停了下来，"哦，我明白你的意思了。不，它不会让你变大的。"他笑着说，"我提醒你，这么大的一块……"

在岸边，他们可以看到艾尔伯特叔叔的帆船在停泊处轻轻地上下颠簸。太阳落山了。

"水面反射出的光线很美，不是吗？"她观察着。

她的叔叔点了点头，"是的。我很高兴我们来度假了。一直工作是不行的。"

"我不会把你的工作叫作'工作'的。"她笑着说。

"当然是工作。"

"发现每样东西都是由什么组成的，并从中得到报酬，这很有趣吗？"她哼了一声。

艾尔伯特叔叔笑了，"这可不像你想的那么容易。首先，你必须知道该提出什么问题。"

"嗯，这并不难。"

"哦，不难？那你来想一个怎么样？"

"一个问题吗？"

他点了点头。

"好吧，"格丹向自己四周看了看，"好吧，让我想想……我们已经知道物质是由夸克和电子组成的。那么，那么……好了我想到了，那么光呢？来自太阳的光。它也是由微小的颗粒组成的吗？"

"太棒了，这是一个很好的科学问题。唯一不足的是，我们已经知道这个问题的答案——光是由波组成的。"

"波？"

"是的。弯弯曲曲的波峰和波谷——就像这水面上的波浪。"

"哦。"

她隐约记得以前在什么地方听到过这句话。她想了一会儿，然后问道："可你是怎么知道的？你怎么知道那是波？"

"哦，那并不难，"艾尔伯特叔叔回答，"有几种方法……比如衍射。"

"那是什么？"

"嗯，这就是当波通过某种屏障上的孔洞时所得到的结果。一旦它们挤过屏障，它们就会向远处扩散。事实上，仔细想想，这一切就正在下面发生着，"他指着港口的入口，"看。你能看到吗？水波穿过那个缝隙。"

果然。来自大海的波浪穿过港口墙上的缝隙，然后向外扩散，使船动了起来。

"现在，当你有粒子时，就不会发生这种情况了——一束粒子，就像你从油漆喷枪中得到的那样。把喷漆枪对准纸板上的一个洞，油漆的小液滴就会径直喷上去。它们撞到了远处的墙上，留下了清晰的轮廓。墙上的轮廓和纸板上的洞一样大，但波不一样。一旦挤过去，波就会扩散得到处都是。这就是我们所说的'衍射'——这种向外发散被称为'衍射'。"

格丹看上去很困惑。

"但那只能证明你错了，"她宣称，"这说明光是由粒子组成的。"

"不，不是的。"

"的确是的。看。"

说完，格丹站起身来，走近小木屋的墙壁。她举起双手，在阳光下投下阴影。当她做了一个兔子头形状的影子时，艾尔伯特叔叔笑了。

"我想那应该是白兔吧？"他说。

她笑了。"事实上，这有点像他，"她表示同意，"但这不是问题的关键。你看他的眼睛。它是由穿过我手指缝隙的光形成的，对吧？但这并没有扩散。这是一个非常清晰的影子，就像你使用喷枪时得到的那种样子。"

"啊，这确实是个不错的观点，"他说，"我忘了说这个洞的大小了。大小很重要。如果你想要衍射，这个洞必须很小。洞越小，衍射越大。你那里的洞太大了。像这样大小的一个洞，你不会得到什么衍射。"

格丹并没有被说服。她把手指捏得更紧了。

"这样就好了，"她说，"我把洞弄小了些。看，兔子的眼睛变小了。它并没有扩散，仅仅是变小了。如果是粒子，就是这样的情况。"

"不，不。我的意思是缝隙必须和波的波长一样小。"

"波长？"格丹问，她看起来更加困惑了。

"波峰之间或波谷之间的距离。波有峰有谷，对吧？波长是一个峰和下一个峰之间的距离，或者是一个谷和下一个谷之间的距离。我以为我们很久以前就谈论过这个问题了。不管怎样，这都不重要。看。看到水面上的波浪了吗？波峰之间的距离与港口墙壁之间的空隙差不多大小。这时就出现了衍射。"

格丹努力把自己的手指拧成能够得到的最小的洞。但兔子的眼睛还是变小了，而不是变大了——尽管它变得越来越难以分辨，因为洞越小，光线就越难以穿过，眼睛也就变得越模糊。

"我放弃了。"她终于宣布，然后又走过来坐了下来。

"问题是光的波长非常非常小，所以你需要一个非常非常小的缝隙，"他解释道，"这也意味着你可以使用一个非常强大的光源，这样就有足够的光线通过，你就能清楚地看到了。

当然，我们在这里肯定没有这样的光源。我们需要在实验室里能获得的那种光源。"

他的眼睛中流露出一种神情。

"你怎么想？我们试一试好吗？"他说，抬眼看了一下头顶。

"泡泡？你认为……你知道……你觉得上次之后还能行得通吗？"

"只有一个办法能得知真相。"

"那好吧。但是，嘿，"她惊慌地补充道，"等一下。如果又是什么愚蠢的奇境的事儿，我就不去了。"


但这没有用。在她意识到之前，她已经回到了皇家舞厅——或者这次是皇家实验室？

"嗯，至少他没再让我一屁股坐到洞上面去。"她想。

她环顾四周。真是一团糟！金色的屋顶和枝形吊灯都不见了。取而代之的是一块临时用来挡雨的塑料布，一阵风从被木板封住的破窗户里吹了进来。

起初，格丹是一个人。但后来……

"哦，我的毛皮！我将会变成什么样子呢？"

她听到了从井里传出来的白兔的声音在走廊里回响。

他匆匆忙忙地走进房间，手里抓着一堆文件。他没有注意到格丹，立刻跑到桌子前。桌子上面有一个长长的金属箱子。兔子放下文件，开始检查箱子。

"哦，我的尾巴和胡子——'危险'！它说'危险'！我该怎么办呢？"

"打扰了。我能帮什么忙吗？"格丹问道。

"什么！"兔子猛地转过身来，吓得不知所措。他惊恐地看了格丹一眼，后退了几步，紧紧地贴在墙上。

"不，不。请保持原样，就像你现在这样。这地方太小，容不下巨人。"

他朝通向院门的方向挥了挥手，卡车之前就停在院子里。

"外面。是的。你为什么不出去？在外面，你想变多大就能变多大。任何大小都可以。这是允许的。外面有很多的巨人。"

格丹笑了，"没事的，没事的。我会保持原样，我保证。今天没有蛋糕。"

"蛋糕？"兔子有气无力地回答，显然不明白她在说什么。

"噢，没关系。你不会明白的。"她说。她信步走到桌边。"所以，我们这儿有什么？"

兔子鼓起勇气，走到了她旁边。

"你现在在研究什么？"她问。

"光。"他回答。

"光吗？"格丹有些惊讶地重复道。

"是的，王后现在想知道光是由什么构成的。"

"多么奇怪呀！这就是我来找你的原因。艾尔伯特叔叔说那是由波构成的，但我认为他搞错了。"

"哦。我们怎样才能知道真相呢？"兔子问。

"首先，我们需要一个强大的光源。难道你不认为这就是一个吗？"

盒子的侧面贴着一张标签：

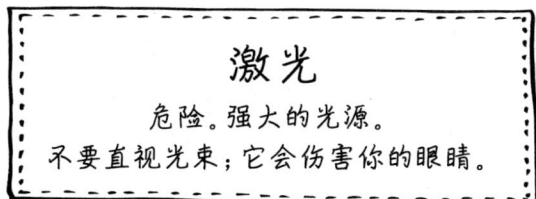

```
┌ ─ ─ ─ ─ ─ ─ ─ ─ ─ ─ ─ ─ ─ ─ ─ ┐
│                               │
│            激光                │
│      危险。强大的光源。          │
│   不要直视光束；它会伤害你的眼睛。  │
│                               │
└ ─ ─ ─ ─ ─ ─ ─ ─ ─ ─ ─ ─ ─ ─ ─ ┘
```

盒子的后面有一个开关和另一个标签：

```
┌ ─ ─ ─ ─ ─ ─ ─ ─ ─ ─ ┐
│                     │
│       打开我          │
│                     │
└ ─ ─ ─ ─ ─ ─ ─ ─ ─ ─ ┘
```

格丹和兔子互相看了看对方，不知道该怎么办。

最后，格丹耸耸肩说："好吧，我想你最好把它打开。"

兔子的爪子在颤抖。

"但这……这很危险。"他紧张地尖声道。

"哼，你还自称是科学家呢！"

"首席科学家。"他坚持说，挺直了身子——这并不算什么。

"那只会让事情更糟。"她宣称。

他的胡须因愤怒而抖动。

"首席科学家并不会打开开关。这是我们的技术人员的工作。你打开它。"他命令道，但为了不那么咄咄逼人，他又小心翼翼地加上了，"请。"

"哦，好吧。"格丹同意道。她按下开关，一道亮光立刻从长盒子的另一端发射出来。它径直穿过房间，在远处的墙上成了一个亮点。

"好。现在，"格丹咕噜着，"接下来我们需要的是一种带有一个非常小的洞的屏障……啊！"

她注意到桌子上还有别的东西。那是一个金属支架，上面好像装了两片剃须刀片。刀片的锋利边缘彼此相对，在它们之间留下了一条又长又窄的缝隙。在架子的一侧有一个球形把手，它下面有一块牌子：

打开我

格丹试图扭转它。起初她以为什么也没发生，但随后她注意到刀片正在非常非常缓慢地向彼此靠拢，它们之间的空隙正在缩小。

　　"这一定是我们要让光线穿过的洞。"她对兔子说。

　　他们一起将支架放置在合适的位置，使激光刚好照射到刀片上。光线成功地穿过了缝隙，然后像以前一样照到了墙上。

　　"好啦，"格丹说，"我想我们可以开始做实验了。"

　　"如果你愿意，我可以做笔记。"兔子热心地说。

　　"那将非常有帮助。谢谢你！"

　　"非常乐意。"他说着拿出笔，又拿起笔记本。

　　"如果你能走过去，站在墙上的光点旁边，那就最好不过了，"她建议道，"我待在这里，使缝隙不断缩小，你就能看出这个点发生的变化——是变大还是变小，诸如此类的事情。"

　　"好吧。"兔子说着收拾起他手边的东西走到墙边。"就等你准备好了。"他喊道。

　　"好吧。我们开始吧。缝隙越来越小……"

　　她稳稳地转动旋钮。"发生了什么？"

　　"还没有，"传来了回答，"哦，是的，是的，斑点越来越小了。"

　　"变小了？"

"是的。绝对变小了。"兔子说。

"我说什么来着？"格丹自言自语地小声嘟囔着，"我告诉过他，可他不听。"

"啊——嚏！"兔子打了个喷嚏。

"祝福你。"格丹一边说一边继续转动着旋钮。

"仍旧在变得越来越小了。"兔子喊道。

"我就是这么说的。光是由粒子组成的，比如那些点状的电子和夸克。"

"呃……等等，"兔子叫道，"你现在在干什么？"

"什么意思？"

"嗯，斑点越来越大了。你是否已经开始另一种操作——现在开始让缝隙变大？"兔子问道。

"没有。"

"嗯，这很有趣。这个斑点肯定是越来越大了。"

"变大了吗？"格丹喊道，"但这不可能。"

她仔细看了看缝隙。是的。正如她想的那样，缝隙越来越窄。

"啊啊——嚏！"兔子用爪子背擦了擦鼻子，"好吧，你过来，自己看看吧。"他叫道。

格丹走近了兔子。果然，斑点很大了。

他们轮流花费几分钟的时间来操作旋钮和观察斑点。他们把缝隙变大，他们把缝隙缩小，变大……缩小……变大……缩小……

　　最后，格丹不得不承认艾尔伯特叔叔是对的。一旦缝隙缩小到一定的小尺寸——她认为一定是光的波长大小——墙上的光斑就不再变小了。从那时起，随着光向各个方向扩散，它会变得越来越大。这都是因为衍射。

　　"原来如此，"格丹对兔子宣布道，"光是由什么构成的？它是由波构成的。"

　　"啊——嚏！"兔子又打了个喷嚏。

　　"听起来你好像得了重感冒，"格丹说，"给你。你最好把这拿着。"她借给他一块手帕。他感激地收下了。

　　"你真好，"他抬头看着她说，"我现在就不用被砍头了，对吧？现在我知道光是由什么构成的了。我可不喜欢那样——把我的脑袋砍下来——即使那只是个干瘪的脑袋。"

# 第五章

## 粒子！粒子！

"啊——嚏！啊啊——嚏！"

"你不觉得你该上床休息吗？"格丹说。

兔子用手帕捂着嘴巴。"马上。我只想在我忘记之前把笔记写完。"

他正在描述墙壁上的一个光点——它是如何在中央最亮，然后逐渐在边缘消失的。

"告诉我，你为什么只在这儿——靠近墙壁的地方——才打喷嚏？"格丹问。

"你是什么意思？"

"嗯，你没注意到吗？当我们轮流转动旋钮和观察那个斑点的时候，你只是在墙边打喷嚏，在那边的桌子旁的时候却从来没有打过。"

"没有。我……我……啊——嚏！我没有注意到。"

"嗯，这是真的。"格丹说。

兔子皱起眉头，走到桌子边。他等待着……等着。没有打喷嚏。

他回到格丹所站在的光斑旁边的地方，马上就："啊——嚏！"他打了个喷嚏。

"我想你是对的，肯定是我的胡须感受到了什么东西。"

"你的胡须吗？"

"是的。它们非常敏感。在那边还好。在这边，它们……它们就……啊——嚏！它们在这里会抽搐。就在这个光斑旁边。"

"真奇怪，"格丹喃喃地说，"我希望我们能更近距离地观察在光线照射的地方发生了什么。事实上，我很想让你看看我在自己身体很小的时候看到的所有的电子和夸克。如果你想成为一名科学家，这是你应该知道的事情。可问题是我已经喝光了最后一滴。"

她从牛仔裤的口袋里掏出了空瓶子。结果，令她吃惊的是——它根本不是空的！！它是满的！

"现在，这究竟是怎么回事？"她喊道，"为什么？叔叔想让我再次变小吗？为什么他想要那样做？"

这时她突然有了一个想法。"当然。是光。他想让我在稳定的光线下再观察一次电子和夸克，而不是在恼人的迪斯科闪光灯下。这样我就有更好的机会观察它们在做什么，它们行进的路线是怎样的。电子是沿着轨道绕着原子核旋转，就像地球绕着太阳旋转，还是像月亮绕着地球旋转？诸如此类的事情。"

格丹向白兔解释了这一切。她也想让他喝一杯饮料，这样他们就可以一起探索了。但是兔子一点也不感兴趣。

"说实话，我可从没想过要当首席科学家。我在学校的时候并不擅长理科。"

"那你为什么要成为一个科学家呢？"格丹问。

"我没办法，王后逼我的。她对科学非常感兴趣，因为她想让每个人都认为她是现代的——她和科学是一起的。除了我就没有别人了。"

"没有别人了？"

"其他人都曾被砍过脑袋。我们已经没剩下多少人了。"

"但如果王后发现你从来没见过夸克呢？而且……"

几分钟后，格丹成功说服了兔子——他真的认为自己应该加入她的行列。于是，他们每人喝了半瓶饮料。

当他们缩小时，格丹说："现在，我们马上就能看到原子的内部了，看到它们的原子核。所有的这种模糊感都会消失，取而代之的是……噢，不！谁在捣乱？"

灯光已经开始变得忽明忽暗了!

"别告诉我女王又回来跳迪斯科了。"

"你说什么?"兔子说,"跳迪斯科吗?今天可没有迪斯科,红桃国王和红桃王后在法庭上。他们正在听审红桃杰克的上诉,他反对以他偷窃红桃王后的水果馅饼的罪名逮捕他,他认为这是错误的执法行为。今天我们不跳舞。"

"那么为什么有人打开了频闪灯?"格丹问道。

"频闪灯?那是什么?"

"你知道的,一种让舞蹈更有趣的闪光。"

兔子摇了摇头。"我不知道你在说什么,"他说,"我们可没有什么频闪灯。"

"你们当然有。那天舞会上你们就用了一个特别的频闪灯。"

"不,我们没有。"兔子回答说,他看起来很困惑,"你知道我们开着什么灯——枝形吊灯。那些日子我们打开了枝形吊灯——你还记得吗?昂贵的枝形吊灯。"他带着意味深长的神情补充道。

格丹不知道这是怎么回事。兔子说的似乎是实话。在这种情况下,她错误地认为闪光的效果是由频闪灯引起的。这一定是当你试图从枝形吊灯上观察稳定的光线时——距离真的足够近时——而它其实一点也不稳定。它实际上是由闪光组成的。许多许多的闪光发生得非常快，使光看起来好似是稳定的。不仅是枝形吊灯发出的光，来自激光的光也会有同样的表现。也许所有的光源都是如此，也许它们都是以许多单独的小闪光的形式发射出它们的光。这多么奇怪啊。

对于不能更好地看清楚电子和夸克究竟在干什么，她感到很失望，但她确信，当她回来报告这一最新发现时，艾尔伯特叔叔肯定会很感兴趣的。

与此同时，兔子在问关于原子的问题。她指出了原子核以及它是如何由核子组成的，而核子本身是由夸克组成的，然后是在外面嗡嗡作响的电子。

"既然原子是由所有这些小微粒组成的，那么这是否意味着它可以被分割成这些小微粒？"兔子问道。

"我不知道，"格丹回答道，"我希望如此。事实上，是的，它可以。叔叔说过有关电子从原子中脱离，从而在电线中产生电流的事情。"

"哦，亲爱的，真是太尴尬了！"兔子嘟哝着说。

"什么？"

"我们把它叫作'原子'——'不能被切割的东西'。但是它却可以！"

"哦，我不该让你因为这件事而感到担忧。我们都会犯错误——叔叔是这么说的。不过仔细想想，他似乎也没少犯错误。你真幸运，在红桃王后发现之前就知道了这些。"

兔子点了点头——他是那么用力，以至于脑袋看上去都快要掉下来了，甚至都不需要直接被砍掉了。

"啊——嚏！"兔子打了个喷嚏。"嘿！你看到那个了吗？"他问道。

"看到什么？"

"那个电子。它从墙上飞出来，打在我的胡须上。就是它让我打喷嚏的。"

"真的吗？"

"是的。至少……我想事情就是这样发生的。这儿闪个不停，很难说清楚。但这个小点点肯定是朝我这边来的。每闪一次，它就靠近一点。然后它碰到了我的胡子。我告诉过你我的胡子很敏感。"

"嗯，那它为什么要这么做呢？"

"小心！"兔子叫道。

当一个电子从他们头上飞过时，他们急忙闪开。

"那又是一个。"兔子宣称。

"是的。我看到了！"格丹喊道，"它像火箭一样前进。"

当他们观察墙壁时，更多的电子发射出来。不是一直如此，只是不时地，而且它们总是来自被激光照射的那部分墙壁。

"它们就像被子弹击中一样，"格丹惊讶地说，"这太疯狂了。"

白兔不高兴地低声说："天哪！天哪！这是怎么回事？他们为什么要这么做？我不明白。"

格丹耸耸肩，"一定是光把它们撞击出来的。它们只从墙上被光照亮的地方出来。它们大部分都来自光线最亮的点的中心。"

"但是我不明白。你不是说光是波吗？为什么不是所有的电子都在波动？为什么它们只有一部分这么做，其他的不这么做？"

"我不知道。"她回答，闪身去避开另一个，"这件事我一点也弄不明白。"

"一点也……噢，不！"兔子抱住自己的头喊道，"红桃王后……"

他突然大哭起来。格丹伸出胳膊搂住他。

"好了，别这么难过了。"她说，她试图安慰他。

"我一直知道科学是可怕的，"他抽泣着说，"一旦她知道了所有这些……"

"我相信没有什么可担心的——其实没什么的。"

"哦不？那么到底是怎么回事呢？我不明白你的意思。光怎么可能是波,同时又是像子弹一样的粒子呢？这没有道理。这一切都是可怕的，可怕的混乱."

"好吧,"格丹犹豫地说,"说实话，我不知道……"

兔子又发出绝望的嚎叫。

"……但是我认识一个人，他可能知道。"

兔子抬起头，擤了擤鼻子。他的脸上露出了些许笑容。"你真的认识吗？"

她点了点头。"艾尔伯特叔叔。我相信他会帮我们解决所有难题的。我去问问他。"

"你会回来告诉我他说了些什么,对吗？"兔子焦急地问道。

格丹犹豫了一会儿。难道自己还要再一次回到这个愚蠢的奇境？

"求你了。"兔子恳求她。

她不太可能拒绝。于是她点了点头。

"哦，谢谢你，谢谢你。"他喊道，给了她一个大大的拥抱。

但这并没有持续太久。兔子发现自己的手臂开始穿过格丹的身体！他只是抱住了自己的身体！他又试着伸出手去触摸她——但是没有用。

"怎么……你怎么了？你正在融化。"

"我想我正在被召唤回去。"她回答道。

"哦，啊——嚏！我的胡子！"


"……那么，你是怎么想的？"格丹结束了她的叙述，"如果你问我的话，我觉得这是一个老问题。"

艾尔伯特叔叔挠挠头，笑了。"你是对的。绝对惊人。没人会相信的。"

"但你相信我，不是吗？"她反问道。

"当然。但我不能代表其他人。你必须意识到，光是波这一观点很多很多很多年来是没有人置疑过的。"

"因为衍射吗？"

"还有其他的事情。这是解释光穿过玻璃或水时如何改变方向的唯一方法。还有宝丽来太阳镜……"

"就像你圣诞节送我的那副。我最近经常戴它。杰里米说它让我看起来很酷。"

艾伯尔特叔叔皱起了眉头。"你不会还在和那个杰里米一起玩耍吧？"

格丹笑着说："某种程度上是的。"

"嗯，"他接着说，"如果光不是波，宝丽来太阳镜就失效了。"

"所以呢？那么粒子呢？"格丹不耐烦地询问。

他起身走到面向大海的窗户前。他若有所思地凝视着仍在不断通过海港入口的海浪。

"在我看来，当我们想知道光去哪里，它如何从一个地方到另一个地方，通过孔，或透镜，或水，或宝丽来——我们必须把它当作一种波。但以前没有人问过的是，一旦光到达它要去的地方，它会如何运动？它是如何释放自己的能量的？"

他转过身来面对着她。

"你会发现它不会像波那样放弃能量。它会突然转变成一连串的子弹，以一定的能量把一些电子撞击出去，剩下的电子留在原地。"

"这就是我看到的闪光效果的原因吗？"

"是的。你看到的闪光是到达的光粒子。"

格丹看起来有点不太舒服。"呃……对此我表示很抱歉。"她嘟哝着说。

"对不起什么呢？"

"上次告诉你那是频闪灯，其实不是。"

"嗯，你也不知道。"

"所有的灯都是这样的吗？"她问。

"我想它们一定都是这样的。无论什么时候，它们照射在任何东西上，都是大量的闪光——细细碎碎的光。"

他环视着房间。

"你想要什么？"格丹问。

"报纸。你看到了吗？还是它仍旧在厨房里？"

"你要报纸干什么？"她一边走过去拿报纸，一边询问。

"这儿，"她回来时他说，"看看这张照片。"

"哪一张？"

"没关系。任何一张。仔细看看。你能看到它是由小黑点组成的吗？我自己不戴眼镜看不清楚……"

"是的，这些我都知道。"格丹说。

"你知道吗？"

"当然。这就是他们打印照片的方式。黑点越多，阴影越深……"她停顿了一下，"我明白你的意思了。你是说，无论你看什么，总是这样——不仅仅是报纸上的照片，一切都被看成点。"

"完全正确。从远处看，当你看着我的时候，从我身上反射出来的光似乎被均匀地抚平了。但它不是。如果你非常、非常仔细地观察——就像你在奇境中观察原子一样——你会看到一系列微小的闪光，一大堆光点——这次是明亮的光点，而不是像照片上的黑色。"

她咯咯地笑着说："那里的光线最亮——就像你闪亮的鼻子发出的光，那里的点更紧密地排列在一起？"

他看了看她，但没有回答。

他们又坐了下来。过了一段时间，格丹皱起了眉头。

"叔叔，"她说，"我不明白，为什么有些东西既可以是粒子又可以是波。"

"我也不明白，"艾尔伯特叔叔沉默了很长一段时间。然后他叹了口气，"这难住了我们两个人——如果把白兔也算上，是三个。"

"你……你也不明白？"格丹惊讶地问道。

他摇了摇头。"在我看来，这根本没有任何意义。"

"唷！我还以为只是我有点笨呢。"

"不，不，你一点也不笨，"他向她保证，"我们偶然发现了一些非常神秘的东西。"

他望着她，咧嘴一笑。"不，我们得坚持住，格丹。目前我们能做的也就这些了：紧紧抓住不放，希望会有转机。别担心，我相信我们最后会解决的。"

# 第六章
## 他们都在这么做！

"有人在家吗？"格丹喊道，她从厨房后门冲了进来，"嗨，叔叔。"

她把书包扔在地上，一屁股坐在他对面，伸出双脚。

艾尔伯特叔叔把自己正在阅读的信件放在一边，上下打量着她。

"他们对你做了什么？"

"什么意思？"她一边低头看着自己，一边问。

"嗯，每天早上我都看到你们从窗前经过，看起来那么干净整洁。到了下午，在学校待了几个小时，然后——嗯，"他向她挥了挥手，"看看你。你看起来就像是被人从金雀花丛中拖出来的一样。"

她咧嘴一笑，把衬衫塞进牛仔裤里。

"今天下午我用过电脑了——当然你不会知道的。"她狡黠地加了一句。

"我很了解电脑，我知道电脑不会给你脱衣服，也不会弄脏你的手。"

她看了看艾尔伯特叔叔吃剩下的那些食物。

"你不想把它们都吃完吗？"她指着最后一片奶酪蛋糕问道。

"除非你先洗手，而且你要在回家后优雅地喝茶。对于你妈妈，我和你一样了解。"

"我知道，我知道，"她一边回答，一边走到水池边洗手。

"如果你想喝，壶里还有茶。可能还是热的。"他说。

"你想要一杯吗？"她问。

"不，谢谢。我已经喝完了。"

"你没有肥皂吗？"

"可以用洗洁精。"

"你要我用洗洁精洗手吗？"她喊道。

但艾尔伯特叔叔没有理睬他，还在继续读他的信。

格丹回到桌边，开始狼吞虎咽地吃奶酪蛋糕。

"在学校，我告诉他们我们度过的周末。他们嫉妒得要命。我是说帆船的事。我没有告诉他们……你知道的……那些奇境之类的东西。嗯，我不能，不是吗？他们会不停地说我是'爱丽丝'，然后……嗯……嗯……"

但他并没有在听。

"那是谁的信？"她看着他的信，问道。

"马克斯。"他喃喃地说，仍然没有抬起眼睛。

"马克斯，是谁？"

"哦……没有谁，一个人，一个朋友，另一位科学家。我们一回来，我就给他写了一封关于我们的光能量包的信，把你的发现告诉了他，他一个字也不相信。"

"他，什么？"格丹气愤地喊道。

"恐怕是的。他在这里说：'你的猜测没有击中要害。'"

"无礼！我有一个好主意……是的，这样如何？让他自己去看看。把他关在思想泡泡里，他很快就会明白的。"

"不能。"

"为什么不？"

"因为在人们能进入思想泡泡之前，他们必须先相信思想泡泡的存在。"

"哦。"格丹说。

她看起来若有所思，然后她说："叔叔，思想泡泡——别人能制造一个思想泡泡吗？"

"当然。他们得好好思考。他们必须非常努力地集中注意力。"

"我能制造一个吗？"

"为什么不呢？试一试。"

"怎么做呢？"

"真的没什么难的。去你的卧室——那里很安静——关上门。(你可不想吓着你的父母。) 坐在镜子前，这样你就可以看着镜子，看到头顶上方的空间，然后闭上眼睛思考。你要思考得比你这辈子任何时候都要努力，然后迅速睁开眼睛，运气好的话，它就会出现在镜子里。"

"真的吗？"

"当然。我提醒你，你得快点。你第一次做这种事的时候，你睁开眼睛的那一刹那，你的注意力就被破坏了，思想泡泡也会破灭了——它消失了。"

说完，艾尔伯特叔叔又开始写信了。格丹想知道，他是认真的，还是只是在开她的玩笑。

"好吧，不管怎样，你可以告诉你的那个叫马克斯的朋友：我认为他是个废物。"她评论道。

"我是不会干这样的事情的，"他回答，"他是一个非常优秀的科学家。他获得了诺贝尔物理学奖。只是……他对这些事情的观点和我们其他人有点像。我提醒你，"他拿起第二封信，喃喃地说，"如果路易斯说的对的话……"

"那又是谁？"格丹问。

"哦，又一个我曾写过信的人。"

"他相信我们吗？"

"是的，是的。"

"太好了……是谁？你刚才说的是什么……路易？"

艾尔伯特叔叔瞥了一眼钟，又狠狠地盯着她。

"你什么时候能回来？"他问。

她耸耸肩。"平常的时间。有什么事吗？"

"我能不能带你去一趟……你知道哪儿吗？只是短短的一段旅途？"

她做了个鬼脸，但接着她又说："事实上，我曾答应过白兔以后要回去的。我离开时他的状态很好。我想，把这事了结了也挺好的。好吧，你想干什么？"

"我想让你认真仔细地观察电子。"

"我已经做到了。它们是粒子。微小的圆点颗粒。"

"是的，是的，我知道。但如果路易斯是对的……"他说着又看了看信，"我不知道……也许值得仔细观察一下。"

"好吧。无论你说什么。把我传送过去，但时间不要太长。"

格丹本以为自己会回到皇家实验室，但是并没有。她好像从艾尔伯特叔叔的厨房走到了另一个厨房，白兔正在忙着洗碗。

"你好，"她说，"我回来了。"

兔子跳了起来。

"你能不能别这么做了？"他哭了，"柴郡猫已经够糟糕了。"

"你这是什么意思？"

"不知从哪儿突然出现——然后消失在稀薄的空气中。"

格丹依稀记得《爱丽丝漫游奇境》中的那只柴郡猫。根据她的回忆，它有这样一个习惯，出现又消失——只留下它的微笑。

"我原以为你再次见到我会高兴的，"她说，"是你要我回来的。我没什么要跟你说的。所有这些波和粒子的东西似乎都让艾尔伯特叔叔大吃一惊。"她在水池边和兔子会合了。

"你看起来不像上次那么沮丧了。这很好。"她补充道。

"并不是这样，我忙得没时间心烦意乱。"兔子回答。

"你在忙什么？"

"幸运的话，我很快就可以和所有这些科学的玩意儿吻别了。"

"哦，这是怎么回事？"

兔子偷偷地环顾四周，确定没有人听到，然后低声说："柴郡猫，如果我处理得当，我就能让他代替我成为首席科学家，然后就得由他来收拾烂摊子了——光的烂摊子。我跟他谈过了。他似乎很感兴趣。"

"我明白了。那你打算去做什么呢？"格丹问。

他微笑着，挥了挥手中的刀，朝着水槽那边点了点头。"我正在为红桃王后做馅饼。"他眼睛里闪着光说。

格丹看上去很困惑，"我不明白。为什么……？"

"因为她已经没有馅饼了。还记得吗？它们被偷走了。所以，我等待着合适的时机，然后对王后说我知道这些美妙的覆盆子在哪里。我跟她说用它们做的馅饼很好吃，所以她说：'好吧，给我做一个，如果做得好，你就可以当首席厨师了。'"

"首席厨师？"

"是的。她这段时间忙着搞她的科学研究，以至于都没时间烤蛋糕了。想想看，总有一天我会成为首席厨师的。啊……"他高兴地吸了口气。

"还有这些覆盆子，"格丹怀疑地问，"你不是说……吧？"

他点了点头。"你看，"他说，"新鲜采摘的巨型铀核覆盆子。好了，如果你不介意的话……"

在她的注视下，他用刀子剥去了那些圆点状的电子，把原子核放进了一个馅饼盘里。他会时不时地把剩下的电子收集起来，然后扔到垃圾处理槽里。这并不容易——电子总是到处跳跃。

刚开始，这让格丹觉得很好笑，但后来她开始想她应该做些什么。

"叔叔说，他想让我仔细观察一下电子，"她心想，"但它们看起来和上次没什么不同——就是一堆微小的点点，从一个地方跳到另一个地方。"

最后她决定到外面走走。厨房的门开着，阳光洒了进来。但她失望地发现开着的门是通向一个相当肮脏的后院的。

她环顾四周，寻找一扇可能通向庭院的大门。呼！一堆电子从厨房的斜槽中哗啦哗啦地滚下来，冲过庭院的地板，落在远处的墙上，凌乱地堆成一堆。

"真是的！"格丹咕哝着，"真是一团糟！应该有一个垃圾箱或其他什么东西来收集它们。它们从斜槽冲出来的时候，喷射得到处都是。如果斜槽的末端不是那么宽，那就没有那么糟糕了。"

"或是那么狭窄。"一个声音在她耳边响起。

这吓了她一跳，她转过身来。一只猫正坐在她身旁的墙上。"哦，"她喊道，"你吓了我一跳。我没有看到你在那儿。"

"那可能是因为我当时不在那儿吧，"猫笑着说，"不管怎样，就像我刚才说的，试着把斜槽尽头的洞口弄得宽些。"

"你是说更小吧。"格丹纠正道。

"随便你吧。"猫疲倦地叹息了一声。

她走到斜槽的尽头，在它的旁边跪下来。管子很柔韧，所以她能用双手握住管子，用力把两边挤在一起。

下一批电子哗啦哗啦地从斜槽上冲下来。令她极其惊讶的是，它们喷射出来的比以前更多了！她简直不敢相信。她把洞口收得越窄，喷溅得越厉害！

"我告诉过你的，"柴郡猫自鸣得意地说，"现在也许你会照我的建议去做，试着使开口——变宽。"

"但是，"格丹抗议道，"这太愚蠢了！我想让电子束变窄，这样它们就能在那里形成较小的一堆。我得把洞口堵上。"

她坐在那里，生气地盯着被自己弄得乱七八糟的一切。

"哦，好吧，"她最后说，"我会按你说的做，就为了证明你错了。"

她按照猫的建议把洞打开了。电子束变窄了！现在，它们全都一堆一堆地落在墙上，并没有斜槽的开口那么宽。疯了！她试着把洞口扩大一些，现在电子堆开始变大——这正是她所预料到会发生的情况。

她又重新尝试了一次；但这次的顺序相反，洞口从宽开始。她越收紧洞口，墙边的那堆东西就越小——这倒也无可厚非。但后来，一旦当这个洞口达到一定的尺寸时，它变得越窄，光束就变得越宽。从这一点开始，电子越来越向外扩散。

格丹怀疑地看着柴郡猫。"你知道会发生这种事，是不是？"

但猫没有回答，它只是笑了笑。

这时她突然想到，"衍射！"她喊道，"就是这个——是不是？"她问柴郡猫。

猫还是什么也没说，但是比之前笑得更欢乐了。

"这正和激光束所发生的情况完全一样。刚开始的时候，当剃须刀片之间的缝隙很大，你将它变小了，墙上的光斑就变小了。但是后来，当缝隙的大小是波长的大小时，情况就变了。然后，由于衍射，缝隙越小，光束就变得越扩散。这就是这儿正在发生的事情。"

然后，她皱起了眉头。

"但那是愚蠢的！这些是电子，不是光。电子是粒子。我们都知道。电子不是波，对吗？"她大声地问猫，但是猫已不在那里了。他来得快去得也快，现在已经消失不见了。

格丹从后门回到屋里，她迷惑不解地来到厨房。兔子正在准备馅饼最顶层的糕点。

突然，一只猫出现在冰箱上。刚才他还不在那儿，下一刻他就出现了。

"你是怎么做到的？"格丹问。

"你是说从一个地方跳到另一个地方之间没有任何间隔吗？"猫回答道，"这很容易。这就是这里的生活方式。这种小把戏是我从电子和夸克那里学来的。"他狡猾地眨了眨眼睛。

"你在跟谁说话？"白兔问，继续做着他正在做的事情。没有得到回答，他抬起头来。

"我早就想到了，"他叫道，"我已经告诉过你了，柴郡猫，你不能进厨房。这是不卫生的。出去！"

猫看了看格丹，转了转眼珠。

"哦，他真是个讨厌的大惊小怪的小家伙。"他叹息着说。

"我说……"兔子挥动着擀面杖，坚定地说。

"我知道。我知道。我听到你说的话了。我走了。看。我走了。看到了吗？"

果然，他离开了——几乎离开了。他消失了，除了他那悬在半空中的微笑。

"试着往斜槽里扔些覆盆子。"在这张笑脸也消失之前，柴郡猫的声音传来。

现在只剩下格丹和兔子了，他俩看着彼此。

"覆盆子吗？"格丹说，"为什么……？"

"你不许碰我的覆盆子。"兔子一边抗议，一边拿起馅饼盘，紧紧地抓在自己手里，"这是为女王的馅饼准备的。"

她走过去看了看。它们看起来就像普通的核覆盆子，但柴郡猫是不是知道一些她所不知道的事情呢？

"你能不能分给……？"她问。

兔子摇了摇头。

"你看。这只猫可能发现了什么，"她说，"如果是的，你就可以告诉红桃王后，这都是他的主意、他的发现。这样她就会想让他担任她的首席科学家，这样你就有时间……"

她心领神会地环顾着厨房。

兔子犹豫了。"你需要多少？"他胆怯地问。

"不是很多。等我回到外面，你就把它们扔下斜槽。"

格丹回到后院。

"好啦。"她叫道。

咔嗒，咔嗒……呼！尽管斜槽的开口很窄，但原子核还是从斜槽的末端射出，落在远处的墙壁上，整齐地堆在一起。

"嗯！跟我想的一模一样，"格丹自言自语道，"原子核是一个真正的粒子——和其他粒子不同。"

她正准备回到厨房，又看见那只柴郡猫正在咧着嘴笑，他在墙头上方一两英寸高的地方飘浮着。

"满意吗？"她对他说。

"随你便，"他回答说，"你满意了吗？"

"你这是什么意思？"

但是他不回答。

格丹停了下来。

"我想最好还是确保弄清楚了，"她想，"那时没有衍射，洞非常小。但我想我可以把它弄得更小一些。"

她隔着门喊道："请再给我一些。"

白兔抗议的声浪。但是在一段时间之后，格丹已将斜槽上的洞弄得非常小了，这一次，又一批核覆盆子嗖嗖地落下来，冲出洞，穿过院子——整个院子！衍射！

格丹惊讶地看着散布在远处墙壁上的原子核。这是毫无疑问的。

"它们现在都在这么做了，"她惊呼道，"光，电子，现在是原子核。它们都是粒子，也是波。这真是灾难！整个世界都疯了！"

# 第七章

## 量子的古怪世界

"好啦，干完了。"艾尔伯特叔叔说着，把最后几个碗碟放进碗橱里。"当然，除了谷布克。"

"什么？"格丹问。

"谷布克。"他重复了一遍，把茶巾朝着水槽的方向挥了挥。

"对不起？"

他向她走来。

"你洗完碗碟了吧？"

她点了点头。

"既然这样，把水泼掉。"

"我正打算这么做。"她一边说，一边准备泼水。

叮当！一个茶匙掉出来了。

"这就是的了，"艾尔伯特叔叔咧开嘴笑着说，"谷布克。"

“但那是一个茶匙。”她坚持说。

“这次刚好是一个茶匙，”他说，“但这并不一定是必然的，可以是一把刀、一个汤勺，或者任何东西。谷布克就是当你认为自己已经洗完碗碟后剩下的东西，但实际上你并没有洗完。脏水底部总是藏着什么东西，只有当你把水倒出来的时候你才会知道。别告诉我你从没注意过？”

格丹怀疑地看着她的叔叔。

“你在和我开玩笑。我从没听妈妈说过这件事。”

“并不意外。这是我刚刚编出来的。”

“什么……？这个词吗？你自己编的？”

他点了点头。

“你不能那么做，”她抗议道，“这是不允许的（天哪，我开始像白兔一样说话了）。但说真的，你不能随便胡乱发明词语。”

“为什么不呢？别人已经这样做了。它们不是偶然发生的。”

“但这没有意义。”

“当然有意义。如果你下星期来我家，我们一起洗碗，如果我要‘谷布克’，你就会明白我的意思了。”

“但是为什么不说‘茶匙’呢？”格丹反问道。

“因为下次可能就不是一个茶匙了，傻瓜。此外，如果我向你要一个茶匙，你可能会去抽屉里给我拿一个——这可不是我想要的东西。显而易见，只有被称为谷布克的茶匙，它才是谷布克。"

他把茶巾叠好。

"我们为什么要有这样的谈话？"他喃喃地说。然后，他向她招手，继续说，"走吧。我们还有更重要的事情要讨论。"

"拼字游戏。你说过我们可以玩拼字游戏的。"她跟着他进了书房，在他后面喊道。

"我说过吗？"

"是的，是这样的。别想逃避。上次你作弊才勉强赢了我，我要真真正正打败你。"

"好吧，"他同意了，他在自己最喜欢的椅子上坐了下来，"出题吧。"

她搬来咖啡桌，把写字板放在上面，然后坐在他对面火炉边的地毯上。

他们还没玩多久，格丹就有点害羞地说："叔叔，有些话我必须说。"

"哦，什么话？"他喃喃地说，"顺便说一下，刚才那个 G 是个三重字母。你明白了吗？"

"是的，是的。17 个一起的。好吗？"

"只是确认一下。"

"听着，如果你想打分的话……"

"不，不。我相信你。"他说。

他们继续玩了一段时间，然后格丹又再次尝试了一次。

"就像我刚才说的，有件事我必须告诉你——我要放弃了。"

"放弃？但我们才刚刚开始。再说，刚才你不是说自己是领先的吗？"

"不，不，不是这个。我是说那些波和粒子之类的东西。我不想继续探究了。我想了很多，我决定了。我只是不能胜任……我完全失去了……"

她无助地耸了耸肩。

沉默了一会儿，艾尔伯特叔叔靠在椅背上，用手指慢慢地敲打着自己椅子的扶手。

她接着说："我只是觉得你最好还是自己坚持下去。我不习惯这种研究科学的方式。在学校里，正常的科学总是有正确的答案和错误的答案，现在的问题是要发现什么是什么。但这……嗯，我的意思是……真是一团糟，不是吗？"

她的叔叔看上去非常失望。

"嗯……如果你已经决定了……"他叹了口气。

"这是最好的决定……你不觉得吗？"

"也许。但是……但是你的情况并不比我们其他人更糟。我是说，不是只有你和我在努力。看，"他指着桌子上的一堆信件说，"马克斯、路易斯、埃尔温、沃纳、尼尔斯……我不知道还有谁没有在研究它。他们都很困惑——完完全全的困惑。"

他用手指捋了捋灰白的长发，盯着炉火。

"甚至有人说，我们可能已经遇到了认知上的障碍。"

"那是什么意思？"格丹问。

"嗯，你知道科学是如何不断地发现越来越多的东西的吗？"

她点了点头。

"嗯，"他接着说，"这种情况还会持续多久？"

"直到一切都被发现。"格丹回答。

"是的。有可能，"他同意了，"这当然是我们希望看到的，但事实可能并非如此。这可能是因为我们遇到了一个障碍——我们理解的极限。在到达那个极限之前，一切都很好。只要有足够的时间和足够聪明的人，我们总有一天可以了解和理解这个极限内的一切。但在这个界限之外，可能还有很多我们不理解的东西，而且永远、永远也不可能被理解。"

"但为什么不能呢？"

"因为我们的大脑不是那种能够掌握它们的大脑。"

"但真正的天才呢？我的意思是，甚至比你还要厉害的人？"她问道。

"谢谢你，"他微笑着说，"不行，即使是那样的人也不行。我说的是一种超越人类思维本身的理解。"

"哇！我们所研究的波和粒子就是这样的问题吗？"她问道，她又重新燃起了对这些问题的兴趣。

"有可能。他们中的一些人就是这么认为的，"他一边说，一边看了看桌上的信，"但在我看来，他们错了。"

"你将如何证明——他们是错的？"

"你不是说你要放弃了吗？"

"我是说过，但是弄清楚你下一步的打算，也没什么坏处。"

"好吧，让我们看看我们已经了解到了什么程度，"他说，眼睛盯着天花板，"光不像大家想的那样只是波。有时它的行为像一个粒子，那就是它作为一个小量子放弃能量的时候，而不是……"

"慢着。那是什么？你是说'量子'吗？这又是你编出来的词吗？"

他笑了。

"不。我不认为那是我……至少，我不确定……不管怎样，这都不重要。它只是一个词，意思是'粒子'或'能量包'"。

"哦。"

"不管怎样，就像我刚才说的，光以量子的形式释放能量，而不是如你所期望的像波那样全部扩散开来。"

"其次，"他继续说，"电子不仅仅是粒子——量子——就像我们最初认为的那样。它们有时表现得像波。我们起初并不知道这一点，因为它们的波长比光的波长要小得多。原子核也是如此，原子核有时也表现为量子粒子，有时则表现为波。它们的波长甚至更小。"

"所以，"他总结道，"似乎一切事物都像波和量子一样运动——有时它们以一种方式运动，有时以另一种方式运动。"

"有点像'萝卜'。"格丹建议道。

"萝卜？"艾尔伯特叔叔问道，"特纳先生，你的科学老师？他跟这事有什么关系？"

"嗯，你永远不知道他会怎么表现。有时他对你很好，很乐于助人；但有时他又会恢复平常的情绪，变得很让人讨厌，很专横。你永远不知道会是哪一个。"

艾尔伯特叔叔咯咯地笑了。"我明白你的意思了。"

然后他又变得严肃起来。

"但这是有区别的，"他继续补充道，"从我们一直在研究的事情来看，我们确实知道会发生什么。"

"如何知道呢？"

"嗯，想一想。什么时候光、电子和原子核表现得像粒子——像量子？当它们撞到什么东西时，对吧？当它们撞到墙壁时——诸如此类的事情。至于波的特性，当它们从一个地方移动到另一个地方时，表现出来的就是波的特性，比如挤过孔洞，等等。"

"但我还是不明白电子到底是什么。还有光，还有原子核，它到底是波还是量子？"

"这是比较棘手的部分。你说到点子上了，这就是让每个人困惑的地方。但至少我们已经弄清楚了什么时候会出现这两种行为。"

格丹回到游戏中，写下了她的下一个单词。

"言归正传。十二，"她说，"是的。我想，知道自己不是唯一迷茫的人是件好事吧。"

"不，你当然不是。"

"但我还是想从现在起只学习学校的物理——计算机可以教我的那种。"她淘气地补充道。

他严厉地看了她一眼，然后安静地、从容地重新排列了自己手中的字母。

"我完全知道你想干什么，"他说，"你是想让我转移注意力，好让我在游戏中犯错。但你不会成功的。我会集中注意力做严肃的事情——拼字游戏。"

"我特别喜欢向电脑学习的一点是，"格丹说，无视他的评论，"可能老师或班上任何人都不知道你犯的错误，电脑却会帮你纠正。"

"给你纠正错误！"艾尔伯特叔叔突然大发雷霆，"嗯！电脑怎么能纠正你的错误呢？它如何知道你做错了什么，以及如何告诉你怎样做才是正确的呢？你真是在胡说八道。"

"这不是胡说！"她抗议道。

"这当然是胡说。计算机到底能理解什么？它只是一堆电子元件。可从你说话的方式，任何人都会认为那是……那是某类人！"

"嗯，如果你一定要知道的话，这就是它的表现。一个非常友好的人，不像我提到过的某些人，"她继续补充道，"电脑就像一个懂得很多的人，可以帮助你解决你不懂的问题——而不会在其他人面前对你大喊大叫，让你看起来像个傻瓜。"

"哼！"

"'哼'你自己吧，我会证明这一点的。"

"哦。你打算怎么做呢？"

"我……我会想到办法的。不信我们走着瞧。"她不服气地嘟囔着。

"既然你走到这一步了，你想在那儿填什么？"

"'YOICKS'？那是什么？没有这样的单词。"

"当然有。这是他们打猎时的叫声，他们喊：'YOICKS'。"

"哦，是吗？这是什么意思？"

"我不敢肯定。"

"我敢说你肯定不确定。字典在哪里？"

"我不知道。我把它弄丢了。"

"弄丢了？你怎么能弄丢字典这么重要的东西呢？说实话，你是我认识的最大的骗子。"

# 第八章
## 请一个一个地来

"啊，你在这儿！"格丹一边说着，一边把头从花园小屋开着的门里探了出来。

"哦，你好，"艾尔伯特叔叔说，"没想到是你。"

"我试着按前门的门铃，但没按响，我就从后门绕了过来。"

"什么风把你吹来了？"

"我给你带了个馅饼。"

"馅饼吗？"

"是的。妈妈做了一些。她让我给你带一个过来。"

艾尔伯特叔叔狐疑地看着她，"这不会是用你的核覆盆子做的吧？"

她笑了。"苹果的，"她向他保证，"味道不错，但里面的棕色部分挺恶心的。"

"棕色部分？"

"你知道的，那些妈妈经常放的辣辣的玩意儿。"

"丁香？"

"是的。它们好可怕，完全破坏了味道。我讨厌它们。我一直跟她说，如果她一定要把它们放进去，为什么她不能给我多做一些没有这些玩意儿的馅饼呢？不管怎么说，你在干什么？"

"没有什么要紧的事。我只是想把刀磨快一点。恐怕割草机快坏了，上次几乎没割掉什么草。我想把它磨得尖利点儿，看看会不会有什么不同。"

"我能试一下吗？"

艾尔伯特叔叔把刀和磨刀石递给她，她开始动手。

"我一直在想，"过了一会儿，她继续说，"关于你昨晚说的——关于能够分辨什么时候事物的行为像量子，什么时候它们的行为像波。"

"是吗？"

"嗯，如果激光没有这么亮，墙上的图案也不会这么亮，对吧？"

他点了点头。

"那么这是什么意思呢？这是否意味着光量子现在没有那么多能量了？"

"不，不，每个量子的能量和之前完全相同，只是它们的数量少了，到达墙壁的没有那么多。这就是为什么墙壁得到的能量更少，为什么图案看起来更暗一些。"

"啊，我猜到了。"格丹一边说一边抬起头。她的眼睛里闪烁着调皮的光芒。"好吧，那样的话，我有个问题，如果你把激光弄得非常非常暗——暗到以至于只能释放出一个量子的能量，那会发生什么呢？"

"只有一个……？"

"就是这样的，只有一个量子的能量能到达墙壁，对吧？"

"是的……"他不确定地说。

"好吧，那么，能量仍然会以正常的衍射模式扩散到整面墙吗？"

"当然。就像我上次说的，是波的行为告诉你光要去哪里。这就意味着衍射。"

她笑了。"在这种情况下，它将不能放弃其作为一个量子的能量——不是一个到达一个点的正常量子。"

艾尔伯特叔叔一脸迷惑。

"这很明显，"她解释道，"只有足以产生一个量子的能量，记得吗？它必须被散布在各处，才能构成图案，所以它不可能全部都在一个点上。"

他茫然地盯着她。

"要么是这样，"她继续说，"要么能量作为一个正常的量子被放弃——这就是你所说的能量被放弃的方式。在这种情况下，衍射图案在哪里？"

艾尔伯特叔叔惊呆了。

格丹笑了起来，开玩笑地朝他胸口捶了一拳，砰！"接受吧！你说过科学就是提出好的问题。这个问题问得怎么样？"

艾尔伯特叔叔站在那里沉思了一会儿。

"继续吧，"格丹坚持说，"答案是什么？你得到的是衍射图案，还是量子？你不能只用一个量子的能量而两者兼得。不管怎样，你一定是弄错了——我以完全击倒对手的方式获胜了！"

他怒视着她，转过身去，开始收拾自己的工具。

"那把刀，"他粗声粗气地说，"它变得锋利些了吗？"

她摇了摇头。"我不这么认为。"

"既然这样，那就给我吧。我得买个新的。我预约了下星期去城里；我得去参加一个会议。我可以去商店找找看。"

他关上小屋的门，双手反扣在背后，慢慢地走回屋里。

他什么也没说。他好像忘记了格丹就在那里。他差点踩到她放在屋后台阶上的苹果馅饼。她连忙弯下腰，把它捡起来，替他拿进屋去。她把它放在厨房的柜台上。

"呃……"艾尔伯特叔叔从沉思中回过神来，说道，"你想尝一片吗？"

"不可能！我已经告诉你了，它有一些令人讨厌的小玩意儿在里面。"

他耸了耸肩："随你便。"

"如果你愿意，我可以把它放在冰箱里。"

他似乎没有听见。他径直朝书房走去，边走边从前门的小桌上捡起报纸。当格丹走过去和他坐在一起时，他已经坐在那里开始阅读了。

"所以，"她说，"你打算怎么做——针对我刚才说的？"

他还在看报纸，喃喃地说："没有什么我能做的了——不是吗？"

"你是什么意思？"她问。

他猛地抬起头来。

"我的意思是，如果想知道会发生什么事，唯一的办法就是派人去弄清楚。但我没有人可以派去——现在没有——不是吗？"他有点生气地反问道。

"嗨，别紧张！冷静点！伙计，冷静点！"

艾尔伯特叔叔忍不住笑了。"多么可怕的措辞，"他宣称，"你们现在还这样说话吗？"

他把报纸放在一边。

"说真的，"他说，"你问得很好。我不知道答案。只有一个办法能知道。有人必须做这个实验，他们必须看到当一次只有一个量子的能量通过时到底会发生什么。"

格丹想了一会儿。

"并不是我不想再去了，"她说，"我喜欢在思想泡泡里冒险——即使只是去奇境。它只是……哦，我不知道……"

她看着对面的他。她提出的问题显然使他非常困扰。

"好吧，"她最后拿定主意说，"如果你愿意，我就去。但这绝对是最后一次了。"

艾尔伯特叔叔看上去如释重负。顷刻之间，他的脑海里就出现了一个思想泡泡——而她也开始了自己的旅途。


"一个？确定吗？"白兔问，"你想让我只往斜槽里放一个电子吗？"

"没错。"

"但是为什么呢？这样太繁琐了。和上次一样，直接把一大堆铲起来放下去会容易得多。"

"请按照我说的去做。"格丹坚持说。

"哦，很好。但愿我早点摆脱这些科学的东西……"

她在院子里站好位置之后，还能听到兔子在嘟囔。

"好了。我准备好了，你可以开始了，"她喊道，"我真好奇会是什么，"她想，"哪个会赢——是量子还是波？"

她等待着……等待着……

"我说过我准备好了。"她不耐烦地喊道。

"好吧，好吧。我听见了，"白兔的回答传来，"这些可怜的电子在这儿到处乱蹦。如果你认为你能做得更好……"

最后，格丹听到了一个电子从斜槽上掉下来发出的咔嗒声。有一点……嗖！电子落在了墙壁上的一点！它是作为量子到达的。

"啊，"格丹叫了起来，"一个量子！这就解决了！没有任何波的迹象。"

"你确定吗？"她身后有个声音响起。

格丹吓了一跳，她转过身来。那只柴郡猫正坐在墙上。

"啊，是你呀，"她叫道，"我真希望你别再这样做了。你毫无预兆的突然出现最让人讨厌了。"

"对不起，下次我会把我将要出现的消息提前通知大家。

吹一阵喇叭？我想这应该很不错，"他咧开嘴笑了，"就像我刚才说的，'你确定没有波吗？'"

"我当然确定，"格丹说，"如果你早点来，你就能亲眼看到了。"

"但我就在这里。"

"那你应该一直都在观察了。"

"我一直在观察。"

"嗯……那时你就在这里。这是一个量子。当只有一个量子的能量时，你只能得到一个量子撞击墙壁。"

"我不是在争论这个，"柴郡猫说，"这就是你所说的波。"

"但是那儿没有波，"格丹坚持说，"你能看到波吗？你能看到衍射图案吗？"

"没有。"

"好啦。"

"不……我没看到衍射图案——尚未——我想说的是……"柴郡猫说。

"你说'尚未'是什么意思？一切都结束了。我们已经做完了实验。没有更多的事情要做了，再没有什么好看的了。"

"一个好的科学家从不满足于只做一次实验。"

"关于好科学家，你知道些什么——或者坏科学家呢？"

格丹挑衅地说。

"你很快就会看到的——假设我的信息（我的私人信息）是正确的。是的，你很快就会明白，为什么你应该密切关注我对科学问题发表的看法了。"

柴郡猫骄傲地伸伸脖子，拱起背来，"但我绝不可能强迫你成为一个好科学家。"他甜蜜地加了一句，然后就消失了。

格丹留下来了，她感到不安。这个实验看起来非常简单直接。这个结果可能是毫无疑问的，然而，猫似乎知道些什么——就像他过去一样。

"好吧，我想，再做一遍也无妨，"她想，"只要兔子不花一整天时间捕捉电子，这应该不会花太长时间。"

她大声呼喊那只兔子，让他再放一个下来。

"还要一个？"他哭了，"你的意思是说，另一个单独的吗？"

"对，"她回答说，"你真是太好了，谢谢。"

很快，她就听到有人在厨房里跑来跑去的声音，并且不断地撞到什么东西上。

"在这里，你……是的，你。噢，我的皮毛！你现在在哪里？别再乱跳了！你真是太淘气了！请你快从那儿下来！看在老天的份上，保持静止，好吗？"

最后，一切都安静下来了，她听到一个电子从斜槽咔嗒咔嗒落下的声音……嗖！第二个电子落在了墙壁上。

"那儿！我说什么来着？又一个量子！"她满意地说，"这和第一次完全一样。"

格丹话音刚落，就觉得自己听到了远处传来的号角声。

"嗯哼，"一个声音低语着，"这样好点了吗？"

这又是柴郡猫的声音——至少，这是柴郡猫的微笑——仅此而已。

"这次，你没被吓到吧？"柴郡猫的脸仍旧保持着微笑。

"你这次又要干什么？"她怀疑地问道。

"我只是想问问你是否有把握。你说事情和第一次完全一样。你确定吗？"

"是的。当然确定。为什么不呢？"

"但这次和上次完完全全一样吗？"柴郡猫问。

"是的。"她不耐烦地重复了一遍。

有那么一刹那，猫的眼睛陷入了他的笑容中，它们一起向上翻滚——然后就不见了。

"我说，"那声音继续传来，慢吞吞地、从容地，就好像在跟一个白痴说话，"我说'是和上次完全一样吗？'意思是，量子落在墙上的位置和之前的是一模一样吗？"

"嗯，不，"格丹说，"不是同一个地方。第一个就在那边——几乎正对着斜槽；另一个在这里。为什么？这有什么么关系呢？"

"所以，这和以前的不是完全一样了。这是我唯一要指出来的。"

"但那又怎样？"她抗议道，"可能是兔子把电子放进斜槽的方式不一样。"

她对着厨房门喊道："对不起，兔子先生。你是怎么把后一个电子放进斜槽里的？"

"你什么意思？我是怎么放的？"很快传来了回答声，"你怎样认为呢？"

"嗯，你的方法是和第一次一样吗？"

"是的。"

"跟你前次做的一模一样？"她问。

"看，"兔子说着，把脑袋从厨房门里探了出来，他的毛皮皱巴巴的，白色的外套也皱巴巴的，胡须弯曲着，"我已经尽力了，好吧。你还想怎样？"

格丹又转向了柴郡猫——但甚至连他的笑容也消失了。

"哦，天哪，这太奇怪了！"她想，"如果兔子像以前一样把电子放在斜槽里，为什么它会跑到墙壁上不同的地方去？"

她不知道下一步该做什么。"我想我们可以继续试试更多的电子，看看会发生什么。"

"再试试另一个好吗？求你了，"她对着兔子叫道，"和之前完全一样。请非常小心。"

兔子发出一声嚎叫表示抗议，但还是按照格丹的要求去做了。

"现在再来一个，求你了！"她喊道。

更多抗议。

"再来一次，求你了！"

所以，这个实验被重复做了一遍又一遍。每次量子都出现在新的地方——没有办法预测它会出现在哪里。

突然一声尖叫从厨房里传来。一定是小白兔身上发生了什么可怕的事情。格丹冲进屋里。但是没有。兔子安然无恙。事实上，他正高兴地抓着一张纸，快乐地蹦蹦跳跳着。这显然是一张非常重要的纸——那是一个卷轴，上面盖着一个大大的红蜡封印。

"我成功了！我成功了！"他叫喊着。

"什么成功了？"格丹问。

"首席厨师！红桃王后任命我为首席厨师！首席厨师！她肯定很喜欢我做的核覆盆子馅饼。她说这正是在寒冷天气里温暖王室肚皮的好东西。"

"真是太棒了！祝贺你。我真为你高兴。但我能认为这说明王后对科学不再感兴趣了吗？"

"哦，她还是很有热情的。柴郡猫，我们计划好的，记得吗？他现在是首席科学家，而不是我。"

白兔在厨房地板上跳舞，踢开了一些挡住了他舞步的跳跃的电子。他扯下自己的实验服，扔到房间的另一边。

格丹最后一次见到他时，他还在跳舞并挥舞着卷轴，消失在走廊里。

只剩她一个人在外面游荡。她倚着后门站着。

她瞥了一眼墙边那堆凌乱的电子——她突然想到了！当然！为什么她以前没有注意到呢？衍射。就在那里！就在她的眼皮底下。

一堆电子——那些一次一个地从斜槽上掉下来的电子——在斜槽正对面的位置附近密度最大，旁边的密度没那么大，然后逐渐向边缘散开。它的形状和她之前得到的完全一样——那堆电子一起落下来的时候。

"真神奇！"她回来时，艾尔伯特叔叔叫道，"绝对令人着迷！"

"是的。这是一场平局。"格丹说。

"一场平局？"

"是的。我想知道它是量子还是波，对吧？而最终结果是两者兼有。"

她的叔叔咯咯地笑了。

"一开始我弄错了，"她继续说，"我以为量子已经轻而易举地获胜了。说实话，我真想踢自己一脚。这种图案一直在形成，而我却不知道。我始终忙着思考新来的量子做了什么而忽略了这些。我从来没有想过要退后一步，看看全部这些。当我这么做的时候，嗯……"

"奇怪！太奇怪了！"艾尔伯特叔叔咕哝着，"能量以量子的形式出现。我有一种直觉，那一定是对的。但是波也在那里。不是衍射图案。至少你看不见一个。但它一直都在。它引导电子撞到墙壁上。它无形地做着这一切。"

"你这是什么意思？"格丹问，"无形的？"

"嗯，就像你走之前说的那样。因为只有一个量子，你实际上看不到任何由波引起的衍射图案。然而最终，当你一次又一次仅让一个电子通过时，这个图案就出现了。所以波肯定一直都在那里——尽管它没能被看见，它所做的是决定量子出现在不同地方的概率。"

"概率？"

"是的,机会——量子出现在一个地方而不是另一个地方的机会。如果最终的图案必须是在一个地方的能量密度是另一个地方的两倍,那么波必须安排每个量子到达那个地方的机会是另一个地方的两倍。"

"这样的话,当很多电子通过时,平均来说,它的结果就是正确的。是这样吗?"

"是的。没错。"

"这就是波的作用吗?电子从斜槽中出来,波说:'喂!你有 10% 的机会到达那里,20% 的机会到达那里,15% 的机会到达那里,25% 的机会到达那里……祝你好运!'"

艾尔伯特叔叔咯咯地笑了。"是的,我想这就是它的作用。"

"嗯,这有点草率,不是吗?你不能把这称之为'物理'。难道不是吗?要我说,这听起来更像是赌马。"

艾尔伯特叔叔大笑起来。

"我完全同意。不,不,这不是真正的物理。我们还有更多的事情要做。"

"比如找出每个电子的确切去向,而不仅仅是它跑到什么地方去的概率?"

"绝对的,"他热情地附和道,"我们将在会议上讨论这个问题。"

"什么……会议……这到底是怎么回事，叔叔？"格丹问。

"我没告诉过你吗？哦，我很抱歉。它都是关于量子和波的。我们发现了什么，别人发现了什么，以及我们能从什么意义上理解这些。我希望我的大多数朋友都能来——路易斯、尼尔斯、马克斯……"

"就是他们一直在和你通信？"

"是的。我真希望也能给你弄个邀请函，但是……嗯，你知道……这很困难……"

"我只是个学生，对吧？这就是你说的。"她哼了一声。

"我知道这不公平。我很抱歉。"

"你说得太对了，这不公平。我敢打赌，我发现的比大多数人加起来还多。有什么问题吗？难道他们不认为我会明白……"

"等等，等等。我还没说完呢。你会有机会的。你不能参加会议，但你可以来参加我们的晚宴。我在会议的最后一天，就是星期五晚上为我的朋友们安排了一次晚宴。我们要去一家餐厅，我和我的朋友们。你也被邀请了。"

"我？你的意思是……？"

"如果你父母同意的话。"

"如果……！你放心，肯定没问题的！"

# 第九章

# 疯狂科学家们的晚宴

"……七……"格丹向出租车车窗外望去,喃喃自语。

"什么?"艾尔伯特叔叔问。

"哦,没什么……八个。"

"你在说什么?那人是谁?"他问。

"不知道。"她耸了耸肩,回答。

"但是你向她招手,在公共汽车站的那个女人,她也向你招手了。"

"这就是问题的关键,"格丹回答,似乎这是显而易见的,"你让他们挥手回应。你向他们招手,他们也向你招手。到目前为止已经有八个了。"

"但如果他们不知道你是谁,为什么他们也会向你挥手呢?"他问道。

"因为他们认为我一定是重要人物，所以我在出租车里，对吗？"

艾尔伯特叔叔微笑着，慢慢地摇了摇头。

"我提醒你，这需要练习，"她接着说，"再说，挥手也没什么用……"她疯狂地挥舞着双臂，"这看起来很傻。像这样做是没有用的，"她轻轻地挥了挥手，只是动了动手指，"他们永远不会注意到这一点。不不，你必须像这样做，就像红桃女王那样。试一试，在你的车窗外挥舞你的手。"

"我不会干这种事的。"他嗤嗤地笑着，然后他又接着说，"顺便说一下，我一直想说你今天看上去很漂亮。这是新的吗？"

她低头看了看自己的衣服。

"并不是。我不经常穿而已。妈妈说我今晚必须穿。"

"好主意。今晚不会有很多人穿着牛仔裤，让自己的膝盖从牛仔裤的破洞中露出来。"

"他们会很时髦吗？"格丹焦虑地问道。

"我不认为这是时髦的。这只是……很优雅。"

她又转向窗户。

"……9还是10？哦，你弄得我数不清楚了。"她生气地说。

她环顾四周。她读着车上关于系安全带的通知和关于如何计算费用的通知。这是一个问题：到目前为止要花多少钱？她拼命想看一眼计价器。已经 3.40 英镑了！这真是一个发财的门路啊！

"我们快到了吗？"她问。

"现在不远了。"他回答。

"你们的会议怎么样了？"

"好了，现在结束了。这是今天下午最后的一个会议了。"

"所以？"

他叹了口气："我不知道。这里一片混乱，似乎没有人再能达成共识了。"

"关于什么？"

"这些量子和波——这一切的意义。"

"但我认为科学家们总是意见一致的。"她说。

艾尔伯特叔叔笑了。"再也不会了。在这个问题上并不是这样。"

"为什么？有什么特别吗？"

"嗯，这一切都是关于你是否能预测将要发生什么……"

"电子从斜槽冲出来，它们会落到墙壁上的哪个位置？"

"是的。诸如此类的事情。我们已经从衍射图案中计算出了它们到达那里的概率。但就这样吗？这是我们能做到的最好的吗？那么，如何精确计算出每个电子的去向呢？"

"是啊，为什么不呢？你只要近距离仔细观察——非常近非常仔细。"

"嗯……是的，"艾尔伯特叔叔迟疑地低声说，"但说起来容易做起来难。当你近距离观察一个电子时，显然你必须用光照亮它。但是，'照亮它'的意思是你用光的量子击中它，对吧？"

"所以呢？"

"嗯，这是你找到电子位置的方式，但现在你已经用能量量子撞击了它。它已经被撞飞了，所以，你不知道它现在在往哪个方向运动，也不知道它运动的速度。如果你不知道这一点，你就无法计算出电子接下来会出现在哪里。"

"啊！这就解释了为什么白兔花了那么长时间试图捕捉电子，"格丹说，"他说他每次都用同样的方式把它们放进了斜槽。但是，我认为这是不可能的，至少不完全是，这就是为什么它们从不同的方向掉出来。"

"是的。仅仅是他必须看到它们这一事实，就意味着他一定是用光量子击中了它们。这就是它们到处乱跳的原因。"

"我明白了。"她说。

她突然有了一个想法。"但是难道就没有办法能够温柔地观察电子吗？"她问。

"哦，是的，是的，你完全可以这样做。有些光，比如红光，它们的量子能量非常小。这样，当它们撞击电子时，它们几乎不会影响电子……"

"太好了！这就解决了问题。"

"不，不。等一等。事情没那么简单。我想说的是，红光有另一种问题。红光的波长很长。"

"所以？"

"所以，它的波峰和波峰之间的距离，波谷和波谷之间的距离，都是分散的。这就……有点模糊。在模糊的光线下，你无法清楚地看到电子在哪里。你可以知道电子运动的速度，以及它的运动方向，因为当你用光撞击它时，它们没有改变，但是现在你不知道它在哪里。"

"哦，"格丹失望地说，"你知道它在做什么，但你不知道它在哪里做。"

艾尔伯特叔叔笑了。"完全正确！而对于其他类型的光，比如说蓝光，它的量子有很多能量，但波长很短……"

"所以，这样你就知道电子在哪里，但不知道它在做什么。"

"就是这样的，"艾尔伯特叔叔表示同意，"当然，为了弄清楚未来某个东西在什么时候会在哪里，你需要同时知道这两点。"

"而你说我们只能知道一点——而不是两点。"

"嗯，不仅仅是我。沃纳也是这么认为，我的朋友沃纳。他一直在向与会者阐述他的不确定性原理。"

"他的什么？"

"嗯，这就是人们称之为的'不确定性原理'。未来是不确定的，因为就像你说的，如果你知道某物在哪里，你却不知道它在做什么，或者即使你知道它在做什么，你也不知道它在哪里做。"

"我不明白。我知道我在哪里！我在出租车里，我知道我在做什么！我以每小时 30 英里的速度沿着这条道路行驶。而且，如果我知道这家餐馆在哪里，我就会知道我什么时候能够到达。这样的话，未来就不是不确定的了。"

"不，不。我们讨论的不确定性是非常非常小的。太小了，以至于在日常生活中很难注意到。只有当你开始尝试预测非常微小的东西——比如电子——会发生什么时，它们才会变得重要。这就是不确定性原理。请注意，"他又说，"说了这些话之后，我不得不承认：我不相信。"

"你不相信不确定性原理？"

"不相信。"

"但为什么不呢？"

"不知道。我只是觉得不太对劲。"

"好样的！"

"一切都很好。我仍然要想出一个绕过它的办法。我必须找到一个例子——一个就够了——一个我能证明你可以找到你需要知道的一切的例子。这样的话，未来就不是不确定的了——即使对电子来说也是如此。"

"这应该不难——仅仅一个例子。"

他耸了耸肩。"我也是这么想的，但我还没能成功找到。我试过了。就在今天早上，我还以为我成功了。我告诉尼尔斯。但他指出了一个错误。我忽略了一些东西。愚蠢的我。"

"好吧，别放弃。"格丹说。

"哦，不用担心，我还没想过放弃。"

就在这时，当出租车慢下来的时候，他突然向窗外挥手。一群人也向他招手。

"嘿！干得好，叔叔。有多少个？三个？不，四个人一次搞定。"

他笑了。

"我只对我认识的人招手。来吧。我们到了。"

他们下了车，艾尔伯特叔叔支付了车钱。一群人迎了上来。

"马克斯，尼尔斯，沃纳，路易斯，这是格丹，我的侄女。我跟你们说过她的事。"艾尔伯特叔叔介绍道。

当他们进入餐厅时，尼尔斯转向她，微笑着。

"这么说你就是那个有一天想成为物理学家的人，嗯？"

"我已经是的了。"她回答道。

"太好了！就是这种精神。就要从年轻的血液开始。当老顽固们过时了，必须有一些年轻人进来接替他们的位置，"他说，然后，他提高了声音，"我无意冒犯，艾尔伯特。"

他们都笑出声来——除了艾尔伯特叔叔，他正在忙着和领班交谈。

"晚上好，教授，"侍者说，"请这边走。我们在侧厅给您安排了一张桌子。那里更私密。你们中的有些人已经来了。"

还有更多的介绍，格丹担心自己记不住每个人的名字。艾尔伯特叔叔让她坐在自己旁边（格丹松了一口气），友好的尼尔斯坐在她的另一边。

服务员分发了菜单。她打开菜单，却发现一个字也看不懂！她心里一阵恐慌！她难道要被饿死吗？

"叔叔，"她不屑地说道，"这些都是外国字。"

"法语，"艾尔伯特叔叔低声回答，"这是法语。他们没教过你吗？"

"但是为什么呢？这里的人都是法国人吗？"她环顾四周。

艾尔伯特叔叔笑了。"不。这么说吧，他们认为……这种方式很优雅。"

"如果你问我的话，我认为这很愚蠢。"

她的叔叔帮她做了选择。服务员接过他们的点单，问他们要什么饮料。艾尔伯特叔叔点了酒，又加了一句："我的侄女要一杯果汁。"

她做了个鬼脸，但没有什么用。

服务员消失了，但马上又回来了。令她吃惊的是，他拿走了她的一些餐具。她甚至没有机会使用它们，然后他又给她送来一些不同样式的。服务员走后，她转向她叔叔。

"你看到了吗？他在做什么？"她问。

"现在，他知道你想先吃虾，而不是汤，他拿走汤勺，然后给了你另一个勺子来吃虾。还有，你说你要一份牛排，所以他给你拿来了一把专门切牛排的刀。"他解释道。

"那为什么他要在知道我想要什么之前就把这些东西都放在我面前了？那也应该是优雅的吗？"

就在这时，服务员又回来了。这次他从她面前拿起了折叠的餐巾。

"他现在正在把它拿走呢。"她愤愤地想。

但是并没有，他轻轻掸了一下，将它铺在了她的膝盖上。

"真是厚颜无耻！"她想，"就因为我是个孩子，他就认为我不懂……"

但并不是这样，服务员对每个人都做了同样的事。多么奇怪！

第一道菜上来时，她要了黄油，然后开始切面包卷。

艾尔伯特叔叔俯下身来，轻轻摇了摇头，喃喃地说："你像这样做吧。"

他拿起自己的面包卷，用手把它撕成两半。

格丹皱起了眉头。"可是你把面包屑弄得到处都是。你弄得那么乱，他们会把你扔出去的。用刀就要好得多了。"

叔叔摇了摇头。"这里不是。"

她看了看其他人。他们都在这么做。到处都是面包屑。"这就应该是优雅的吗？"她很好奇。

他们正吃到主菜一半时，尼尔斯向前探了探身。

"那么，艾尔伯特，还有什么更好的办法来绕过沃纳的不确定性原理吗？"他笑着问。

"我正在努力研究，"艾尔伯特叔叔粗声粗气地回答，"我很快就会想出办法的，你看我能不能想出来？"

"不，你不能，"沃纳说，"你想赌多少钱，我就跟你赌多少。"

争吵就是这样开始的。嗯，不完全是争吵，但是谈话突然变得非常激烈。他们显然在争论——一定是早些时候，还在会议上时他们就开始了。他们似乎完全忘记了格丹的存在。直到格丹自己开口。"啊，嗯，"她清了清嗓子说，"我能问一个问题吗？"

大家都沉默下来，盯着她。这个女孩要为自己辩解什么吗？

"嗯。它是这样的。我想知道电子是什么，或者光，或者别的什么，但我们还是说电子吧。如果我没猜错的话，它表现得就像粒子——量子——当它撞击什么东西的时候，对吧？但当你试图计算出它会在哪里撞击时，或者我应该说，它可能会在哪里撞击时，它的行为就像波。但如果它没有击中任何东西呢？"

她停顿了一下，突然感到害怕。他们都盯着她看。一阵尴尬的沉默。

"请说下去，"尼尔斯温和地说，"这太有趣了。电子没有击中任何东西，你是这样说的吗？"

"没错，"她接着说，"假设电子只是待在空无一物的空间里。你没有用光或其他东西看到它。只是它自己。那会是什么呢？它是一种粒子——一种比小圆点还小的非常微小的粒子——还是一种波，呈波峰波谷状扩散？"

有一会儿，你可以听见一根针掉在地上的声音——除了从主餐厅传来的遥远的低语声之外，什么声音也没有。然后他们开始争论起来：

"这是波，"埃尔温说，"非常确定是波。"

"嗯，等一下，"沃纳说，"当然，事情并没有那么简单。如果能量以量子的形式被放弃了呢？"

"什么？"埃尔温说，"我不认为'能量'有什么意义，当你只关注小范围内发生的事情时，从大范围来看，这些土豆里的热能——是的，很好，但不是在亚原子层面。"

艾尔伯特叔叔激动了。"但你不能忽视我对光能量子包的发现。"

"哈！"埃尔温哼了一声，"所有这些量子跳跃。我很抱歉我卷进了这一切。"

"我确实告诉过你，我认为你在那件事上做错了，艾尔伯特。"马克斯说。

"放轻松！放轻松！"另一个也叫马克斯的人开口说，"没有人能摆脱艾尔伯特的光量子。事实上，我觉得你大错特错了，埃尔温。格丹的电子，独自待在那里，它不是波；它是一个粒子——一个量子。"

"那么，波的本质是什么呢？"埃尔温坚持道，"你是说我认真研究那些关于波的问题是在浪费时间吗？"

"当然不是，当然不是，"第二个马克斯继续说，"我们需要波，因为它们能告诉我们有关量子的知识。"

"知识吗？只是这些吗？"

"是的。这些波不是真的。它们并不是作为某种有形的东西待在那里。有形的东西是一个量子。'波'的说法只是我们用来表达我们认为它可能会出现在哪里的一种方式。"

"我不确定我是否同意。"艾尔伯特叔叔说。

"你不同意了吗？你这是什么意思？"马克斯吃惊地问，"一开始是你向我提供了这个观点。"

"我也不知道如何是好。"艾尔伯特叔叔迷惑不解地说。

"实际上，你们都错了，"路易斯说，"格丹的电子既是量子又是波。有一个粒子，但粘在粒子上的是一个波，是这个波引导粒子运动。"

"啊！现在听起来更有道理了。"艾尔伯特叔叔附和道。

沃纳说："嗯，我自己对这种引导的波之类的东西也不是很确定。我当然同意格丹的电子是一种粒子的观点，一种完全正常的粒子。它在空间的某个位置，以特定的速度朝特定的方向运动。如果我们知道它的位置、速度和方向，我们就可以预测它接下来会发生什么。但我们不能。我们太笨手笨脚了。当我们观察电子时，我们用了艾尔伯特的一个光量子敲击它，那样我们就永远无法得到我们需要的全部信息。"

现在，格丹变得非常困惑。在她看来，每个人的讲话听起来都很有道理。但下一个发言的人所说的听起来也很有道理——即使他们说的和另一个人说的恰恰相反！

谢天谢地，到了吃布丁的时间了。侍者推了一辆手推车过来。你不需要懂法语；你只需要用手指一下就可以了。但她应该指什么呢？真是很难选择啊。她不知道该选黑森林蛋糕还是草莓蛋白霜。最后，她选择了蛋糕。尼尔斯选了草莓口味的甜点，等服务员走后，他对格丹低声说："你能帮我吃点这个吗？我一口也吃不下了。"

她使劲地点了点头。

在她往嘴里塞甜点的时候，尼尔斯转向了沃纳。

"你刚才说的话，沃纳，关于你的不确定性。你会这样说，是因为我们不能从中得到有关电子的足够的信息。"

"是吗？"沃纳问。

"嗯，我觉得你说得不太对。我想，你要找的信息从一开始就不在那里。"

"当然在那儿了。电子必须在某个地方——某个位置。它必须有一定的运动——在某个方向上的速度。"

"不一定需要，"尼尔斯接着说，"你看，无论什么时候我们谈论电子，或者对它做实验，它总是在撞击什么东西。我们想知道它会在哪里撞墙，我们想知道它是如何撞到墙上的。如果我们想看到它，就得用光撞击它，总是撞击，撞击，撞击。我们使用的词语都和撞击有关。"

"所以呢？你是什么意思？"

"格丹的电子就在那里什么都不做；就像她说的，它没有撞击任何东西。在这种情况下，我们有什么权利使用'撞击'之类的词语呢？我的意思就是这么简单。"

"真的，尼尔斯，"埃尔温不耐烦地宣布，"有话直说吧，好吗？格丹的电子——粒子？波？两者都是？你想要哪一个？"

"我哪一个都不要，"尼尔斯说，"'粒子'这个词描述的是电子如何撞击；'波'这个词描述的是它将撞击的地方。这两个词对于完全理解撞击的方式和位置是同等必要的。但是，就像我刚才说的，格丹的电子并没有撞击任何东西，所以两个词你都不能用。对她的电子来说，这些话没有任何意义。"

"我完全不知道你在说什么。"埃尔温说。

"我也是。"路易斯附和道。

"一个谷布克。"格丹说,她的嘴里塞满了草莓蛋白霜,嘴唇上还残留着她之前扫荡完毕的巧克力蛋糕。

"嗯?"尼尔斯说,"我没听清楚。那是什么?"

"谷布克,"格丹重复道,"类似的事情。"

"嗯哼,"艾尔伯特叔叔在另一边用手肘轻轻地推了推她,喃喃地说,"我想你得解释一下。我怀疑他们……你知道的。"

"啊,不。"格丹叹了口气,于是她解释了什么是谷布克。

"所以你看,"她最后说,"如果一个茶匙正在被冲洗,那么形容它是'谷布克'是可以的,但如果它躺在抽屉里什么也没做,那么称它为'谷布克'就毫无意义了。"

"太好了!"尼尔斯喊道,"我自己也打不出比这更好的比方了。没有在清洗碗碟,就没有谷布克;没有撞击,就没有粒子,没有波。"

"谷布克吗?"路易斯咕噜着,"我不明白。在法语中没有这样的单词……"

"好吧,那么舞厅和实验室怎么样?"格丹建议道,"这还是同样一回事。"

"舞厅吗?什么舞厅?"路易斯问,他看起来越来越困惑

了，"你是说还有一个实验室？"

"哦，亲爱的！"格丹心里默想，"这他也不会知道的……"

"我想，格丹想说的是，"艾尔伯特叔叔过来救场，打断了她的话，"那是，嗯……假设……是的，让我们假设——仅仅是为了讨论——假设某处有一个大厅——一个有时用来跳舞，有时用来做科学实验的大厅。"

"但我不明白，"埃尔温抱怨道，"为什么一个大厅可以被用来……"

"我是说'假设'——好吗？"艾尔伯特叔叔生气地坚持说道，"那么……嗯……"

他看着格丹。

"是的，嗯，就像我说的，"格丹继续说，"当它被用来开舞会时，它是一个舞厅；当它被用来做实验时，它是一个实验室。但如果什么都没发生，那它是舞厅还是实验室？"

"它什么都不是！"沃纳喊道，"是的，当然，我现在明白了。你的电子也是一样的。当它什么都不做的时候，它既不是粒子也不是波！"

"这正是我努力想要表达的观点，"尼尔斯说，"它什么都不是。事实上，对于一个没有被观察到的，没有进行任何撞击的电子，我们绝对不能说什么。我们面对的是认知范围的障碍。"

"哦，别再说那个了。"艾尔伯特叔叔呻吟道。

"所以，我的不确定性原理，"沃纳继续说，"我们有不确定性原理的原因，我弄错了。并不是我们笨手笨脚，不能从电子那里得到我们想要的所有信息——它的位置、速度，等等。实际上它没有位置，它也没有速度，因为它不是一个粒子。信息一开始就不存在！"

"事实上，"另一个人说，"电子不仅在我们观察到之前没有一个位置和速度，当我们不看它时，它本身可能根本就不在那里！你觉得怎么样？尝试讨论格丹的电子自己存在于空间中是没有意义的，因为那里实际上什么都没有。不仅仅是电子。如果没有人看到世界，也许整个世界都不存在！"

"嘿，这就是答案！好主意。"另一个人附和道。

"停！"艾尔伯特叔叔生气地喊道，"这简直是疯了！当然，世界一直都在那里。当然，它的行为是正常的，合理的。你们说的都是没有意义的空话。我们的工作就是描述世界本来的面目……"

"不，不，"尼尔斯打断道，"这是我们过去的想法。我们曾经认为我们的工作就是描述这个世界。为了做到这一点，我们必须观察这个世界，我们必须在这个世界上做实验，看看这个世界是什么样的。然后，一旦我们看了一眼，我们在物理书上写的东西就应该是对这个世界的描述——不管我们是否正在看它。现在我们发现，我们写下的根本不是对世界的描述！这是我们对看到的世界的描述！而这也将永远是我们所能做到的全部……"

"胡说！"艾尔伯特叔叔吼道，"我们的工作就是我们一直认为的那样：描述真实的世界。这就是我打算做的，如果我没做到，如果你愿意，可以称之为'可知的障碍'。我们将看到它是否真的是一个永远不能被打破的障碍。至于你的不确定性原理，沃纳，我拒绝接受我们永远无法预测未来的观点。所有这些关于可能性和概率的讨论，上帝不掷骰子。如果我有那么一刻认为你是对的，我宁愿经营赌场，也不愿成为一名物理学家。"

因此，伟大的争论一直在继续着，格丹希望他们继续下去。她已经开始相当享受她的豪华晚餐了，她发现只要她朝侍者瞥一眼，他就会跑过来看她想要什么。这是她喝的第三杯咖啡了，还有饭后吃的薄荷糖，现在多得都快从她的耳洞里漫出来了。

她向艾尔伯特叔叔微微俯身。

"我要去看看厕所是什么样的。"她小声说。她把椅子往后一推，补充道，"他们都疯了——他们很多人。"

"疯了？"

"是的。嗯，我的意思是说，在这群人这样的状态下，你愿意当一只睡鼠吗？"

# 第十章
## 电脑导师

"现在好割一些了吗？"格丹越过花园围墙，问道。

艾尔伯特叔叔关掉了割草机。

"是的，很好，就像新的一样，"他说，"它只是需要一个新的刀片。"

他疲倦地倚在把手上。"是的。仔细想想——去城里买这个刀片是那次会议最好的收获，"他咧着嘴笑着说，"无论如何，是什么风把你吹来了？只是路过，还是带着更多的礼物？"

"礼物？什么意思？"

"还有你妈妈做的带棕色小块的苹果馅饼吗？"

"没有，没有。"

"哦。太遗憾了。我已经吃完那一块了，"他说着又眨了眨眼，"暗示，暗示。"

她笑了。"不，我只是来问你愿不愿意参加我们星期六的开放日。"

　　"开放日？在学校吗？不。我觉得那不适合我——但还是谢谢你。"

　　他感觉到了她的失望，所以很快接着说："实际上我今天早上买了一个很棒的蛋糕。本来是准备今晚喝茶的时候享用的，不过如果你愿意，我们现在就可以开始了——吃午前茶。你要不要进来把水烧上？我很快就回来。我先把这最后一片修理完，之后我就可以打理后院的草坪了。"

　　几分钟后，他们坐在后门花园的长凳上，端着咖啡和蛋糕。

　　"这么说，你当时对这次会议不怎么看好？"她问。

　　他没有回答。

　　"找到绕过不确定性原理的方法了吗？"

　　"我已经放弃了。"

　　"放弃吗？但是我认为……"

　　"你认为？这可不好。我尝试了一切方法，似乎没有任何办法可以绕过这个问题。"

　　"所以，沃纳是对的吗？未来是不确定的，对吧？我们永远不知道将会发生什么——不确切？"

　　他点了点头。"似乎是这样的。"

她惊呆了。放弃任何事可不像艾尔伯特叔叔的作风。

"但我不明白。世界的行为方式是理智的，对吗？如果你能得到所有关于位置和速度之类的信息，那么你就能预测未来。但你得不到足够的信息——无论如何都是不够的，这就是为什么未来对我们来说是不确定的。是这样吗？"

他耸了耸肩。"我现在甚至不确定这个世界是否像那样理智行事——应该这么说，在幕后理智行事。我以前也这么想。但现在……"

当他蜷成一团坐在那里的时候，格丹觉得他看起来是那么悲伤……

"但有一件事我确实知道，"他生气地补充道，"我确实知道，当我们不去看世界的时候，世界还在那里。更重要的是，科学家的工作仍然是我们一直认为的那样：它是描述世界的行为——无论我们是否正在看它。"

很长一段时间的沉默。艾尔伯特叔叔喃喃地说："他们说我已经过时了，格丹。跟不上时代，跟不上年轻人。"

实际上，格丹已经注意到沃纳、路易斯和其他一些人，他们看上去确实比艾尔伯特叔叔要年轻得多。

"他们说我不能接受所有这些新事物，"他继续说，"我被困在过去——困在旧模式的物理学中，而其他人都在前进，"

他转向格丹，"你认为我是个又傻又固执的老头吗？"

她摇了摇头。"你有你的高光时刻，但是……不……"

"不，我也不这么认为，"他反驳道，"我当然理解新事物。他们把我当什么了？我不会接受的是，到目前为止我们所学的就是我们要学的。他们才是已经放弃了的人。他们已经不再寻找合理的解释了，但我还没有。我想继续发现一些比我们目前所提出的任何东西都更加令人惊奇的事情！"

"这就对了，叔叔，"格丹说，"给他们点颜色瞧瞧！"

他笑了。"无论如何，这个话题聊够了。我们换个话题吧。完成了……"

他接过她的马克杯。"学校开放日，你为什么要我去？有什么特别的原因吗？你以前从来没有问过我……"

"是的，有一个特殊的原因。"

"那你为什么不告诉我？"

"我还没机会，对吧？'那不适合我'，你说得那么坚决。"

"对不起，我不是那个意思……那么，这是为什么呢？"

"我不知道你是否能接受。"她淘气地说。

"你是什么意思？"

"你心情很糟，自怨自艾。现在还不是证明你在别的事情上也错了的时候，不是吗？"

"什么错了？以何种方式？"他皱着眉头问。

"哦，算了吧，"她说着站了起来，"我要去超市和妈妈碰头了，我得帮她拿东西。我要迟到了。谢谢你的蛋糕。还有，噢，"她狡黠地补充说，"如果你星期六两点钟碰巧经过学校门口，我可能会在那儿遇到你。不能保证。未来太不确定了，不是吗？"

果然，星期六下午两点，艾尔伯特叔叔来了——格丹也来了。她拉着他的手臂，领着他在操场上转了一圈。大多数的摊位都是常见的——抽奖、旋转箭、幸运酱、汉堡和饮料。那里有一个充气城堡，一辆冰激淋车，当地的消防队员还开着消防车待命。

"这是我最喜欢的，"她说，"一枚飞镖十便士，你可以把飞镖扔向老师——当然是他们的照片。"

"哦，这是什么？"他问道。

"可怜的'萝卜'。他的照片被射击得最多。"

他们一起进入了学校的教学楼。走廊上装饰着孩子们的艺术作品，每间教室都有孩子们的项目展示。这些作品本来应该是"随机挑选的"——但每个人都知道，为了看起来更棒，老师们选出了最好的作品。

"你有什么作品在展出吗？"艾尔伯特叔叔问。

"哈！"她哼了一声，"你在开玩笑吧？"

"那么……为什么带我来？"他问道。

"就是这儿了。"格丹兴奋地说。

那是计算机房。里面挤满了人。

她说："我们只能等着了。你看，电脑很流行吧？"

他吸了吸鼻子。"就这吗？我见过很多电脑，我不喜欢它们。"

15 分钟后，格丹设法找到一台电脑。

"我来设置一下……好了！都设置好了。你开始吧！"

"这是什么？"艾尔伯特叔叔不解地问。

"你会看到的。按照说明去做。"

他看了看屏幕，上面写着：

欢迎来到

非常友好，非常聪明的

格丹的世界

当您准备好开始时，请按 RETURN

艾尔伯特叔叔笑了："你……"

"是的。我说过我会给你看的。所以继续吧。"

"现在，我该怎么办？按 RETURN 键。在哪里？"

"这儿，按一下，"她不耐烦地说，"老实说，你以前没用过电脑吗？"

他照指示做了。屏幕改变了——

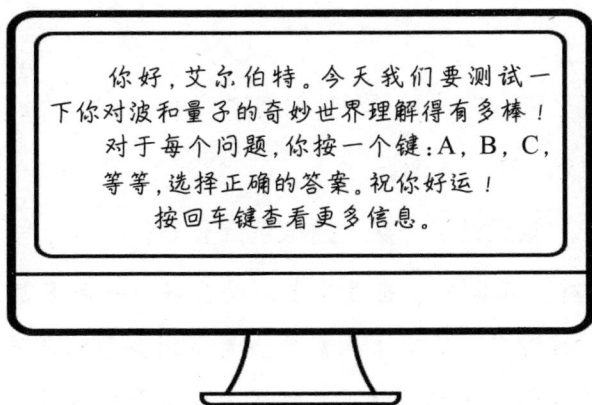

你好，艾尔伯特。今天我们要测试一下你对波和量子的奇妙世界理解得有多棒！

对于每个问题，你按一个键：A，B，C，等等，选择正确的答案。祝你好运！

按回车键查看更多信息。

"嘿，"艾尔伯特叔叔带着惊讶的表情说，"它怎么知道我的名字？"

格丹咯咯笑了。"继续，"她说，"再按一次 RETURN。"

他这么做的时候，第一个问题出现了：

问题

1.自然界中有多少种不同的原子？

A. 3　　　　B. 56

C. 92　　　　D. 成千上万

"继续。选择。" 格丹说。

"当然是 92," 艾尔伯特叔叔回答说,然后按下了字母 C。

他照做了,然后就出现了这样的评论:

C 是正确的。

"但如果我弄错了呢？" 他问她。

好吧,试一试。如果你想重新回答上面同样的问题,按 Z 键。

他按下 Z 键,第一个问题又出现了。这一次他选择了 B。

屏幕显示:B 是猜测。

他笑了。他又试了一次,这次选择了 D:

D。不对。坏运气。有成千上万的分子——不是原子。你把这两个搞混了,是吗？只需要少量不同类型的原子,以不同的方式组合在一起,就可以构成这些类型的分子。再试一次。

"神奇！" 艾尔伯特叔叔惊叫道,"如果一个人选择了那个答案,他犯的可能就是这种错误。"

"没错," 格丹带着胜利的神情说,"看到了吗？善良、友好、聪明的电脑可以指出你的错误并告诉你正确的答案。"

"嗯,很好。我从没想过科技会发展到这一步。令人着迷。但是……" 他挠了挠脑袋。

"但是什么？"

"我不明白你是怎么让它做到这些的。你怎样教电脑这样做的呢？"

"简单！"格丹宣布道，"嗯，如果你得到'萝卜'的帮助，这很容易。这其实是他的程序。他提供基本的程序，但我必须提供问题——这意味着要想出不同的选项。这就是所谓的ＡＢＣ选项，然后我必须为每个选项想出注释——以防它被选中。当然，我还是得自己输入。"

"太好了。真是太好了，"艾尔伯特叔叔说，"我怎么继续回答第二题呢？"

"RETURN，你按 RETURN 继续。"

但在他们继续下去之前，一个站在艾尔伯特叔叔椅子后面的男孩低声对他父亲说："他们会很久吗？"

艾尔伯特叔叔环顾四周。"对不起。我没有意识到，"他站了起来，"这里。来吧，现在轮到你了。对不起。我太入迷了。"

"非常感谢，"父亲说，"我们不是故意打扰的……"

"没关系，"艾尔伯特叔叔说，在他们交换位置时喃喃自语，"现在我开始明白为什么孩子们会对这些讨厌的东西上瘾了。"

当他和格丹走出学校大门时，他说："很好。我很高兴自己来了。可惜我看不到你的其他问题。"

格丹在她的口袋里翻找着。

"啊！"她说，"想法太多了。我还保留着我以前的问题列表——我在那个程序里输入的内容。给你，如果你愿意，你可以拿走。这是答案和评论的列表，"她一边说一边拿出另一张纸，"当你犯错时，你会需要这些来纠正你，"她笑着说，"但在你回答完所有问题之前，不要偷看答案哦。"

当他们来到艾尔伯特叔叔家花园的大门时，他转向她，在她的鼻子底下挥舞着列表，问道："那么，探索完量子世界之后，你接下来要研究什么呢？"

"什么都不要，"她坚定地说，"我的脑子现在已经满了——完全满了！"

那天晚上，当格丹回家后，她径直回到自己的卧室，关上了门。她拉过镜子前的一把椅子，坐了下来。她发誓，上次她这么做的时候，她只是在思想泡泡破灭之前勉强瞥到了一眼。也许她这次会有更好的运气？

与此同时，艾尔伯特叔叔坐在他最喜欢的扶手椅上，拿出一支铅笔，开始回答格丹列出的问题。

# 计算机的问题

1. 自然界中有多少种不同的原子？

    A. 3　　　　 B. 56　　　　 C. 92　　　　 D. 成千上万

2. 最轻的原子叫什么名字？

    A. 氢　　　 B. 氦　　　　 C. 锂　　　　 D. 铀

3. 在一个原子的原子核外面嗡嗡作响的粒子叫什么名字？

    A. 核子　　 B. 电子　　　 C. 夸克

4. "不同种类的原子之间唯一的区别是它们有不同数量的围绕
    其原子核嗡嗡作响的粒子。"这是正确的还是错误的？（仔
    细想想。）

    A. 正确　　 B. 错误

5. 一个核子中有多少个点状粒子？

    A. 3　　　　 B. 92　　　　 C. 成千上万

6. 当格丹第一次近距离观察原子时，围绕原子核嗡嗡作响的粒
    子就像圆点一样从一个地方跳到另一个地方。这是为什么呢？

    A. 她不得不借助迪斯科的频闪灯来观察。

    B. 粒子被光能量包击中，这是任何一种光下都会发生的情
       况。

    C. 当粒子飞出来的时候，她不得不不停地眨眼。

7. 光的波长是：

    A. 一个波峰与下一个波峰之间的距离，或一个波谷与下

一个波谷之间的距离。

B. 一个波峰与下一个波谷之间的距离，或者一个波谷与下一个波峰之间的距离。

C. 波峰与波谷之间的高度差。

D. 当光线穿过一个洞时在墙上扩散开的范围。

8. 假设你让某种类型的光束穿过一个洞，然后射到墙上。当你把洞弄小一点点时，你发现光束更加扩散。

A. 这证明了光束是由粒子构成的。

B. 这证明光束是由波构成的。

C. 你不能从中分辨出光束到底是由波还是由粒子构成的。

9. 假设你让另一束光穿过一个洞，然后射到墙上。这一次，当你把洞弄小一点点时，你发现光束的扩散变小了。（小心！这是一个有点刁钻的问题！）

A. 这证明了光束是由粒子构成的。

B. 这证明光束是由波构成的。

C. 你不能从中分辨出光束到底是由波还是由粒子构成的。

10. 一束核子穿过一个洞，落到墙上。假设你想描述核子可能在墙壁上的位置，下面的哪两个词你可能会用到？（注意，我们问的是它们将在哪里撞击墙壁，而不是它们将如何撞击墙壁。）

A. 量子　　B. 波长　　C. 粒子　　　D. 衍射

11. 在衍射图案中，有些部分比其他部分亮。这是为什么呢？

选择正确的解释。

A. 每个进入亮的部分的量子比那些进入暗的部分的量子拥有更多的能量。

B. 量子具有相同的能量，但是有更多的量子射向较亮的部分而不是较暗的部分。

12. 为什么要把电子一次一个地送下斜槽，而不是一起送下去呢？这样做的主要原因是什么？

A. 兔子发现一次捕捉一个以上的电子是很困难的。

B. 重复科学实验是很重要的。

C. 这样能够让你知道电子到达墙壁的不同部分的概率。

D. 这是得到衍射的唯一方法。

13. ←不吉利的数字！继续下一个问题。

14. 有一列火车从伦敦开往格拉斯哥。它以每小时 90 英里的稳定速度行驶。仅凭这条信息是否可以计算出它何时到达格拉斯哥？

A. 是　　　B. 否

15. 这两句话哪句是正确的？

A. 不确定性原理认为，你永远不可能知道某物的确切位置；它的位置总是不确定的。

B. 不确定性原理认为，如果你知道某物的运动速度和方向，你就不可能确切地知道它在哪里。

16. "不确定性原理认为，我们无法预测未来，除非我们有更好的技术——比如更好的显微镜，以便发现事物在哪里，它们在做什么。"这是正确的还是错误的？

A．正确　　B．错误

17. "总有一天，物理学家会提出一个新的理论，无论我们是否正在观察这个世界，它都会告诉我们，世界上正在发生什么。"

A．绝对正确　　　B．绝对错误　　　C．没人确切知道

# 这些问题的答案

1. C 是正确的。

   A 和 B 是猜测。

   D。不对。坏运气。有成千上万的分子——不是原子。你把这两个搞混了，是吗？只需要少量不同类型的原子，以不同的方式组合在一起，就可以构成这些类型的分子。再试一次。

2. A 是正确的。

   B 很接近；这是第二轻的。

   C 和 D 是错误的。

3. B 是正确的。

   A 错误。这些就是组成原子核的粒子。

   C 错误。这些是组成核子的粒子。

4. B 是正确的。我希望你知道为什么！

   A 是错误的。原子也有不同大小的原子核。

5. A 是正确的。一个核子中有三个夸克。

   B 错误。这是不同种类原子的数量。

   C 错误。这是不同分子的数量。

6. B 是正确的。

   A 错误。格丹刚开始就是这么想的，但她错了——还记得吗？

   C 谁告诉你的？

7. A 是正确的。

B 很棒的尝试，但是不对。这将只是波长的一半。

C 是猜测。

D 不对。你在墙上看到的这个图案叫作"衍射图案"。这个图案的大小取决于波长，但不是波长本身。再试一次。

8. B 是正确的。

A 和 C，错误。这个问题是描述衍射，而衍射只能是由波引起的。

9. C 是正确的。

A 和 B 错误。对粒子可能是正确的，但也可能对波是正确的——如果洞比波长大得多的话。（我们没有说这个洞有多大——这才是迷惑人的地方！）因此，根据已知的信息，我们不可能辨别光束是波还是粒子。

10. B 和 D 是正确的。

A 和 C 错误。这些词描述的是核子如何撞击墙壁，而不是它们会撞击什么地方——这才是你被问到的问题。

11. B 是正确的。

A 错误。衍射图案中明亮的部分是因为这部分接收到了更多的光量子，而不是因为那儿的每个量子都有更多的能量。

12. C 是正确的。

A 错误。一次抓住一个对兔子来说是很困难的，他宁愿把它们一起铲起来送下去。再试一次。

B 错误。你说的没错，重复实验是很重要的，但这并不是每次只把一个送下去，而不把所有的一起送下去的理由。再试一次。

D 错误。如果所有的电子一起下去，也会发生衍射。再试一次。

13. ！

14. B 是正确的。

A 错误。除了它的速度，你还需要知道它现在在哪里。为了预测未来，你同时需要知道：(1) 事物在哪里，以及 (2) 它们在做什么。

15. B 是正确的。

A 错误。不确定性原理认为，你不可能同时知道 (1) 某物的确切位置和 (2) 它正在确切地做什么。所以，你可以知道某物的确切位置，前提是你不知道它移动的速度和方向。

16. B 是正确的。

A 错误。不确定性原理与更好的显微镜无关。它是说，无论技术有多好，你永远不可能确切地知道某个东西在哪里，同时确切地知道它在做什么。

17. C 是正确的。

A 和 B 错误。正如晚宴上的争论所表明的那样，物理学家们并不同意这一点。

# 第十一章
# 一点真正的科学

　　你刚才读到的故事当然是虚构的。但是在微观世界中发生的一切，真的就像这里描述的那样奇怪。

　　我们所看到的自己周围奇妙的大自然仅仅是由 92 种不同的原子组成的。艾尔伯特·爱因斯坦，有史以来最杰出的物理学家之一，他在证明分子和原子是真实存在的过程中发挥了重要作用。原子后来被发现是由原子核和电子组成的；核子组成了原子核；夸克组成了核子。

　　至于光，在二十世纪初，每个人都确定它是由波组成的。但是爱因斯坦能够证明，当光把电子从金属板上撞击出来时，它的行为就像一束微小的能量包——量子。这是如此令人惊讶，以至于马克斯·普朗克一开始也不敢相信这一点，他早期的工作曾极大地帮助过爱因斯坦。

在接下来的 25 年里，其他物理学家有了进一步的发现。他们中的一些人和爱因斯坦一样，都被授予了诺贝尔物理学奖。

　　例如，路易斯·德布罗意提出了电子也可能具有波的性质——这在后来被证实是正确的。不仅是电子——所有的物质都被发现具有波的性质。埃尔温·薛定谔致力于波的数学研究。马克斯·波恩认为这些波都与概率有关。沃纳·海森堡提出了他的不确定性原理。

　　但在 1927 年，尼尔斯·玻尔引发了一场关于新量子物理学意义的大讨论：有能绕过不确定性原理的希望吗？当你不去观察的时候，世界还在那里吗？如果是这样的，对于没有被看见的世界，我们能说清楚它到底是什么吗？

　　许多物理学家都参加了讨论。这些讨论不仅发生在会议室里，还发生在早餐前、晚餐后。多年来，爱因斯坦和玻尔激烈地争论着，但他们从未失去他们对彼此的喜爱和尊重。

　　在爱因斯坦的论证中，他充分利用了自己神奇的想象力。他会想象出各种不寻常的情况。这些被称为爱因斯坦的"思想实验"。在他的母语德语中，它们被称为"格丹实验"。

　　随着时间的推移，爱因斯坦发现自己在自己的观点上越来越孤独。有一些人认为这位伟人已经度过了他的鼎盛时期；他被年轻一代的科学家们甩在了后面。但他不这样认为，在他看来，他所努力的是要提出一个更卓越的理论———一个可能会消除海森堡的不确定性原理的理论。或者，如果不是这样，至少它将是一个能够描述真实世界的理论，而不仅仅是描述我们所看到的世界的理论。

最后发生了什么？爱因斯坦从未成功提出这个新理论。为什么？有人说，这是因为玻尔、海森堡和他们的朋友一直是正确的：这样的理论是不可能存在的。其他人不同意。直到今天，他们仍然相信爱因斯坦所寻求的更深层次的理解是正确的，他们还在继续着由爱因斯坦所开启的探索。

这一切令你惊讶吗？对于科学家们的意见不一致，你会觉得奇怪吗？你认为谁是对的，爱因斯坦还是玻尔（艾尔伯特叔叔还是尼尔斯叔叔）？

也许某天会有一个人出现，彻底解开量子之谜。谁知道呢，那个令人期待已久的科学家可能就是——你！